MINIDICIONÁRIO DA INICIAÇÃO À VIDA CRISTÃ

PE. GUILLERMO MICHELETTI

MINIDICIONÁRIO DA INICIAÇÃO À VIDA CRISTÃ

Conceitos fundamentais para catequistas

© 2017 by Editora Ave-Maria. All rights reserved.
Rua Martim Francisco, 636 – 01226-000 – São Paulo, SP – Brasil
Tel.: (11) 3823-1060 • Televendas: 0800 7730 456
editorial@avemaria.com.br • comercial@avemaria.com.br
www.avemaria.com.br

ISBN: 978-85-276-1610-2

Capa: Michel Seysuke
1. ed. – 2017
Todas as citações de trechos bíblicos foram retiradas
da *Bíblia Sagrada Ave-Maria*, da Editora Ave-Maria.

```
Dados Internacionais de Catalogação na Publicação (CIP)
            Angélica Ilacqua CRB-8/7057

    Micheletti, Guillermo Daniel
        Minidicionário da iniciação à vida cristã / Pe.
    Guillermo Micheletti. -- São Paulo : Editora Ave-Maria,
    2017.
        160 p.

    ISBN: 978-85-276-1610-2

    1. Catequese - Dicionários 2. Vida cristã I. Título

17-0716                                         CDD 268.03

            Índices para catálogo sistemático:
                1. Catequese - Dicionários
```

Todos os direitos reservados e protegidos pela Lei 9.610, de 19/02/1998. É expressamente proibida a reprodução total ou parcial deste livro, por quaisquer meios (eletrônicos, mecânicos, fotográficos, gravação e outros), sem prévia autorização, por escrito, da Editora Ave-Maria.

Diretor Geral: Marcos Antônio Mendes, CMF
Diretor Editorial: Luís Erlin Gomes Gordo, CMF
Gerente Editorial: Áliston Henrique Monte
Editor Assistente: Isaias Silva Pinto
Revisão: Ana Lúcia dos Santos, Lígia Pezzuto e Mônica Glasser
Diagramação: Ideia Impressa
Impressão e Acabamento: Prol Gráfica

A Editora Ave-Maria faz parte do Grupo de Editores Claretianos (Claret Publishing Group).
Bangalore • Barcelona • Buenos Aires • Chennai • Colombo • Dar es Salaam • Lagos • Macau • Madri • Manila • Owerri • São Paulo • Varsóvia • Yaoundé.

SUMÁRIO

Siglas 9

Apresentação 11

Introdução I 13

Introdução II 17

Esquema Geral da Iniciação Cristã, conforme o RICA 17

Parte I – Conceitos Fundamentais da Ação Catequética 23

1.1. A história dos catecismos 23

1.2. O Catecismo 26

    Relacionamento da catequese com os catecismos 31

1.3. Breve história da catequese no Brasil 34

    Catecismos empregados na primeira catequese 35

    Obras catequéticas de Álvaro Negromonte 39

1.4. Catecúmeno 41

1.5. A história do catecumenato 46

1.6. Breve História do catecumenato no Brasil 49

1.7. O catecumenato no Concílio Vaticano II 54

1.8. Catequética/catequeta 57
1.9. Catequese – breve história e definição 65
1.10. Catequista 70

Parte II – Conceitos Fundamentais na Catequese de Iniciação à Vida Cristã 83

2.1. Comissão de coordenação diocesana e paroquial da IVC ... 83
2.2. Iniciação 86
2.3. Os quatro tempos e as três etapas 96
2.4. Querigma/Momento querigmático 102
2.5. Introdutor 107
2.6. Entregas 111
2.7. Escrutínios 115
2.8. Exorcismos e bênçãos 119
2.9. Mistagogia 122

Parte III – Instituições e Documentos Eclesiais Ligados à Catequese 129

3.1. A CNBB – Conferência Nacional dos Bispos do Brasil 129
3.2. Comissão Episcopal Pastoral para a Animação Bíblico--Catequética 134
3.3. Catecismo da Igreja Católica 136
3.4. Dicionário de Catequética 139

3.5. Diretório Nacional de Catequese (DNC) 141
   Breve histórico da redação do DNC 141
   Partes e divisões internas do DNC 146
   Como o DNC trata do aspecto catecumenal da IVC 148
3.6. Iniciação à Vida Cristã. Um Processo de Inspiração
   Catecumenal 150
3.7. Itinerário Catequético. Iniciação à Vida Cristã. Um Processo
   de Inspiração Catecumenal 151
3.8. Ritual de Iniciação Cristã de Adultos 152
   História e enfoque prioritário do RICA 152
   O conteúdo do RICA 153

SIGLAS

AA	*Apostolicam Actuositatem* (Decreto sobre o apostolado dos leigos)
AG	*Ad Gentes* (Decreto sobre a atividade missionária da Igreja)
CD	*Christus Dominus* (Ministério pastoral dos bispos)
CDC	Código de Direito Canônico
CELAM	Conselho Episcopal Latino-Americano
CIgC	Catecismo da Igreja Católica
CV2	Concílio Vaticano II
DAp	Documento de Aparecida
DGAE	Diretrizes Gerais da Ação Evangelizadora da Igreja no Brasil 2011-2015
DGC	Diretório Geral para a Catequese
DNC	Diretório Nacional de Catequese
FD	*Fidei Depositum*
IGMR	Introdução Geral ao Missal Romano
IVC	Iniciação à Vida Cristã
LG	*Lumen Gentium* (Constituição Dogmática sobre a Igreja)
NT	Novo Testamento
PO	*Presbyterorum Ordinis* (Decreto sobre o Ministério e a Vida dos Presbíteros)
RBC	Ritual de Bênçãos
RICA	Ritual de Iniciação Cristã de Adultos
SC	*Sacrosanctum Concilium* (Constituição sobre a Sagrada Liturgia)

APRESENTAÇÃO

Tenho a satisfação de apresentar este *Minidicionário da Iniciação à Vida Cristã*, como quis intitular esta obra o seu autor, Pe. Guillermo Daniel Micheletti, da Diocese de Santo André (SP). É um subsídio que, sem dúvida, ajudará os catequistas desejosos de entrar pela vereda de uma catequese renovada de inspiração catecumenal, a qual implica uma estreita relação entre Bíblia, liturgia e catequese.

A Conferência Nacional dos Bispos do Brasil – CNBB, em suas *Diretrizes Gerais da Ação Evangelizadora da Igreja no Brasil*, destaca a iniciação à vida cristã como uma de suas prioridades (cf. CNBB – Documento 102, 83) e, desse modo, faz eco aos bispos latino-americanos; é necessário, então, "desenvolver em nossas comunidades um processo de iniciação à vida cristã (...) que conduza ao encontro pessoal, cada vez maior, com Jesus Cristo" (DA, 289).

Penso que este *minidicionário* ajudará, sobretudo, na formação de catequistas, preparados para assumir o desafio de uma catequese de iniciação à vida cristã. Esta é tão necessária como difícil de ser assumida e levada avante, devido aos muitos condicionamentos da catequese de nossos dias, que é, em grande parte, ocasional, mais voltada à preparação para se receber um sacramento.

Aprecio esta obra e o esforço de seu autor em levar avante tal tarefa, pois, além de se dedicar ao estudo e à formação, Pe. Guillermo é também pároco. Creio que isso o ajude na compreensão da necessidade urgente da iniciação cristã nas comunidades. Assim, faço votos de que a obra cumpra seu objetivo e possa estimular muitos outros a ilustrar este tema de grande atualidade em nossa Igreja.

D. Pedro Carlos Cipollini
Bispo de Santo André (SP)

INTRODUÇÃO I

[*Sabemos que, por longo tempo,*] foi privilegiado um modelo de iniciação direcionado à preparação *aos* sacramentos em detrimento de uma iniciação *pelos* sacramentos. Sem ponderar a dimensão sistêmica de todo processo de iniciação cristã. (Roland LACROIX)

Ser cristão é sentir-se sempre um *principiante na fé* e assombrar-se com todo o tempo de que ainda acreditamos no Evangelho, num mundo onde predomina o desinteresse e onde a mensagem cristã não mais encanta na fútil rotina do "demasiado conhecido". (Henri BURGEOIS)

Sabemos dos enormes desafios a serem enfrentados quando se busca encarar com renovado ímpeto audaciosas propostas catequéticas que levem ao "reencantamento" das pessoas e possam – em alguma medida – frear o acelerado processo de descristianização do mundo atual. Diante de uma sociedade que se esqueceu de sua bimilenar tradição cristã, deve-se abrir caminhos para uma nova catequese, cujo perfil prioritário tenha características inspiradas em uma catequese iniciática, a serviço da vida cristã, com inspiração catecumenal.

Diante de paradoxais mudanças, no que diz respeito à concepção integral do ser humano e sua relação com o mundo e com Deus, que favorecem a subjetividade individual, acarretando, consequentemente, a inconsistência e a instabilidade na afirmação exasperada dos direitos individuais e subjetivos, não se pode deixar de lado a ousadia de pensarmos caminhos para uma nova proposta evangelizadora como condição essencial para se reacender aquele "*primeiro encanto*", alicerçado na pessoa de Jesus.

O domínio da ciência e da técnica, e a rapidez das informações, postas exclusivamente a serviço do mercado como os únicos critérios válidos da eficácia, do relativismo e do funcionalismo, promovem uma sociedade da provisoriedade e da superficial liquidez, que, por sua vez, conduzem ao *analfabetismo religioso*, à falta de identidade cristã e à vergonha de manifestar socialmente a fé cristã. É imprescindível trabalharmos com urgência nas várias realidades e contextos, propondo às pessoas novos itinerários de fé e práticas metodológicas que respondam a uma nova forma de transmissão da fé e que permitam introduzir essas pessoas no discipulado de Jesus Cristo, fazendo com que aconteça um novo encantamento discipular[1] – o que francamente esperamos.

Em geral, nas minhas andanças por dioceses e paróquias, ministrando palestras sobre catequese, percebo uma luz de esperança: há o desejo de se organizar uma catequese com novos ares, que parta dessa grande estrutura litúrgico-catequética conhecida como *catecumenato*, como caminho de verdadeira introdução ao mistério de Cristo e à comunidade que n'Ele acredita, conforme proposto no *Diretório Nacional da Catequese*, no *Documento de Aparecida*, nas *Diretrizes Gerais da Ação Evangelizadora da Igreja no Brasil*, dentre outros. Sabemos que isso implica uma mudança de paradigma e, também, de mentalidade, pois a dinâmica catecumenal é um espírito que *deve permear todas as ações de uma nova evangelização*: é o caminho de uma Igreja verdadeiramente missionária. Esse

---

[1] Cf. Discurso inaugural de Dom Rino Fisichella. In: *Congresso Internacional de Catequistas*. Roma, 23/09/2013 (anotações do autor).

desafio é tão imediato que faz surgir alguns questionamentos: Como fazer? Por onde começar? Que meios usar? Onde encontrar itinerários ou roteiros para colocar em prática esse processo do catecumenato? Que caminhos? Que materiais utilizar? Esperançosas iniciativas estão surgindo. Apenas para enumerar, temos alguns materiais da CNBB sobre o tema: *Iniciação à Vida Cristã. Um processo de Inspiração Catecumenal* – Estudos da CNBB 97 (2009); *Itinerário Catequético. Iniciação à vida cristã – um processo de inspiração catecumenal* (2014); Coleção *Catequese à luz do Diretório Nacional de Catequese* (vários fascículos); e *A alegria de iniciar Discípulos Missionários na mudança de época* (Conselho Episcopal Latino-Americano – CELAM/CNBB, 2015).

Dada a urgência da tarefa de formar catequistas com essa nova mentalidade, tem-se um grande desafio, que perpassa todas as fases da formação de catequistas: como dar um caráter também catecumenal à específica formação de catequistas? Pois, se eles não experimentam vivencialmente os processos da IVC,[2] dificilmente irão, depois, traduzi-los em suas práticas catequéticas.[3]

A partir dessas considerações, surgiu em mim a ideia de compor um *minidicionário* com os principais conceitos usados na literatura catequética de inspiração catecumenal. De fato, percebo que nossos queridos catequistas estão ainda um pouco "perdidos" no que concerne à articulação e à assimilação desses conceitos. Este livro pretende colocar, de forma atualizada e

---

[2] De agora em diante, em todo o texto, indicaremos a Iniciação à Vida Cristã com a sigla "IVC".
[3] Cf. Luiz Alves de LIMA. "A Iniciação à Vida Cristã diante da mudança de época na América Latina". In: *Revista de Catequese*, n. 114 [jul./dez. 2014], pp. 1-14.19-21; UFFICIO CATECHISTICO NAZIONALE. *La formazione dei catechisti nella comunità Cristiana. La formazione dei Catechisti per l'iniziazione dei fanciulli e dei ragazzi*. Leumann: Elledici, 2006.

simples, em exposição abrangente (logo, não superficial), uma explicação detalhada de cada conceito utilizado nos processos de IVC, segundo o que é oferecido no RICA, apoiando-se nas melhores contribuições da ciência catequética à disposição.

Este *minidicionário* pretende, também, ser um guia para os que desejam implantar nas paróquias uma experiência de IVC. Para isso, seu objetivo primeiro é preparar adequadamente os catequistas (e por que não presbíteros e diáconos?), o que é fundamental, uma vez que, se os catequistas não conseguem penetrar e assumir essa modalidade catequética com competência, a meu ver, seria aconselhável esperar tempos oportunos, não se aventurando na implantação de itinerários de inspiração catecumenal, pois, de outro modo, correr-se-ia o risco de cair no desânimo e na desilusão.[4]

Dedico meu agradecimento a Dom Manoel João Francisco, bispo de Cornélio Procópio, pela sua esmerada, detalhada e incansável tarefa de corrigir o rascunho deste *minidicionário*, além de enriquecê-lo com inúmeras e preciosas sugestões, que fizeram com que a obra ganhasse maior valor para o bem de todos. Muito obrigado, de coração fraterno. Não me esquecendo da Srta. Thiele Aparecida Nascimento Piotto, da comunidade paroquial Jesus Bom Pastor (Santo André, SP), pela esmerada dedicação em corrigir e sugerir oportunas melhoras no texto.

---

[4] Cf. Jânison de Sá SANTOS. "Formação de catequistas para a Iniciação à Vida Cristã". In: CNBB, *3ª Semana Brasileira de Catequese*. Brasília: Edições CNBB, 2010, pp. 200-214; CELAM. *A caminho de um novo paradigma para a catequese* (Cap. III: *O catequista discípulo e missionário*). Brasília: Edições CNBB, 2008, pp. 37-48.

INTRODUÇÃO II

Apoiados em um esquema geral que apresenta todo o processo da Iniciação à Vida Cristã (inspirado no RICA), comportando *Quatro Tempos* e *Três Etapas*, com seus correspondentes ritos, orações, entregas, exorcismos etc., poder-se-á notar que **uma série de conceitos que estruturam a iniciação como processo catecumenal aparecerá progressivamente**.[1] Partindo dessa dinâmica, os catequistas (ou outras pessoas interessadas) poderão procurar, no *minidicionário*, os conceitos – seguidos por *asterisco* (*) – específicos da catequese de IVC, para obter uma *visão esclarecida e aprofundada* deles. Cada conceito é acompanhado de uma atualizada *bibliografia* (que não esgota o tema) para ser consultada e, caso se deseje, adquirida, com vistas a se montar uma consistente biblioteca paroquial de catequese.

Esquema Geral da Iniciação Cristã, conforme o RICA

- ■ PRIMEIRO TEMPO: pré-catecumenato [RICA, 9-13]*
  - ✳ Objetivos do pré-catecumenato*
    - Adesão/anúncio de Cristo (fé inicial no Cristo);

---

[1] Cf. Domingos ORMONDE. *O itinerário do catecumenato segundo o "Ritual da Iniciação Cristã de Adultos"*. Apostila do autor: jul. 2007-2009 [reduzida ao mínimo para preencher o propósito desta publicação]; CNBB. *Iniciação à Vida Cristã: um processo de inspiração catecumenal* (Quadro Geral da INICIAÇÃO CRISTÃ). Brasília: Edições CNBB, 2009, p. 49.

- esclarecimento das motivações;
- conversão de vida (sinais de mudança de vida);
- senso eclesial (pertença inicial à Igreja).

✳ **Propostas de pré-catecumenato/querigma*[2]**
- Acolhimento do catequista*;
- indicação de um(a) introdutor(a)*;
- relacionamento com a comunidade;
- bênção dos simpatizantes;
- verificação da caminhada pessoal;
- o tempo do pré-catecumenato é indeterminado e, sendo possível, diferenciado para cada pessoa (nn. 50 e 69);
- celebração de entrada no catecumenato (nn. 14.70-72).

PRIMEIRA ETAPA:* celebração de entrada no catecumenato [RICA nn. 68-97: sequência do Rito].

■ **SEGUNDO TEMPO:* inicia-se o tempo do catecumenato [RICA, 14-20]**
  ✳ **Objetivos do tempo de catecumenato**
  O catecumenato é um espaço de tempo em que os candidatos recebem formação e exercitam-se praticamente na vida cristã.
  - fé: Adesão e vinculação afetiva e efetiva a Cristo;
  - conversão: mudança de vida e perdão dos pecados;
  - dom da graça: introdução no mistério e experiência da salvação de Deus, por Cristo, no Espírito;
  - comunhão: acolhida e aceitação da convivência e pertença à comunidade;
  - compromisso: participação nas tarefas de edificação da Igreja;
  - caridade: solidariedade com os sofredores.

---

[2] O RICA não traz todos os detalhes aqui apresentados, mas o texto os coloca como propostas para *iluminar pedagogicamente* a aplicação do itinerário catequético. Nós respeitamos essas sugestões, que foram, em parte, abreviadas, para maior enriquecimento no conhecimento dos processos iniciáticos.

Introdução II ■ 19

Meios para realizar o tempo de catecumenato
Cinco meios: catequese*, prática da vida cristã; liturgia; testemunho da vida e profissão de fé.

Ritos para o final das celebrações e/ou encontros catequéticos
Exorcismos*
Bênçãos*
Ritos de transição

SEGUNDA ETAPA: celebração da eleição ou inscrição do nome. Preparação para os sacramentos: Batismo – Crisma – Eucaristia [RICA, 133-151]

■ TERCEIRO TEMPO: tempo de purificação e iluminação [RICA, 21-36; 152-159] [tempo de Quaresma]

Meios para realizar o tempo da iluminação e purificação:
a) recolhimento espiritual com a comunidade dos fiéis (n. 152);
b) liturgia da Palavra da própria Quaresma, para o "conhecimento mais profundo de Cristo" (iluminação);
c) evangelhos dominicais do ano "A";
d) três escrutínios (celebrações penitenciais);
e) no Sábado Santo

Escrutínios* [RICA, 153-180].

TERCEIRA ETAPA: celebração dos sacramentos da iniciação cristã na Vigília Pascal [RICA, 208-234]

■ QUARTO TEMPO: tempo da mistagogia* [RICA, 235-239]
✹ Objetivos do tempo da mistagogia (7).
Meios para realizar o tempo da mistagogia

PARTE I

CONCEITOS FUNDAMENTAIS DA AÇÃO CATEQUÉTICA

O termo "catecismo" provém do latim *catechismus*, que, por sua vez, traz a etimologia do grego *katecheo* (kata = κατα + *echeio* = ἠχέω), utilizado na vida profana com o significado de "falar em voz alta" ou "ressoar" = efeito de voz gerado pelas máscaras que usavam os atores nos anfiteatros gregos para *produzir eco*. Na Bíblia, no NT, aparece em diversas formas verbais com o sentido estrito de *dar uma instrução, um ensinamento cristão*.

1.1. A história dos catecismos

Desde o momento em que a catequese foi se sistematizando na forma de livro, pode-se entender o conceito de *catecismo* como uma forma de educar para a fé, um sistema de ensinamento religioso elementar, destinado, preferencialmente, às crianças, inserido em uma comunidade paroquial, ordinariamente marcado pela centralidade pedagógica e doutrinal no uso do "Livro do Catecismo".

Na atualidade, está consolidada a ideia de que *o Catecismo é o livro da doutrina cristã*. Trata-se de compêndios sucintos e organizados para o ensino da doutrina cristã, sancionados de uma maneira ou outra, pela autoridade eclesiástica. Podemos distinguir entre um *catecismo oficial*, isto é, texto de quem exerce o magistério na Igreja, e um *catecismo autorizado* pela comissão diocesana ou de autores particulares de autoridade reconhecida. Por muitos séculos, o catecismo foi o fio condutor mais importante – único e indispensável – da catequese. Em 1357, aparece o primeiro catecismo inglês, do cardeal Thoresby, com o título *Lay folks Catechisme (Dar catecismo às pessoas)*. Em 1478, o cardeal Pedro González de Mendoza escreve o *Catechismus pro iudeorum conversione (Catecismo para a conversão dos judeus)*, bilíngue, publicado em Sevilha. Em 1528, em Nuremberg, Althaner edita o *Katechismus in Frag und Antwort*, com perguntas e respostas. Particularmente a partir de 1529, com a publicação do inovador *Katechismus* (em duas edições ou modalidades), de Martin Lutero, pôde-se falar em catequese popular. Por causa desse fato, Lutero será considerado "o pai dos catecismos modernos" e "o iniciador do ensinamento religioso popular". Entre 1555 e 1559, o jesuíta Pedro Canísio, diante do sucesso dos catecismos de Lutero, publica na Baviera, Alemanha, três catecismos: o 1º. *Summa Doctrinae Chistianae (Suma da Doutrina Cristã)*, publicado em 1555, com 222 perguntas e de uso obrigatório nas escolas de Viena; o 2º. *Catechismus minimus (Pequeno Catecismo)*, publicado em 1556, em alemão, com 59 perguntas dirigidas às crianças e aos analfabetos; e o 3º. *Parvus Catechismus Catholicorum (Pequeno Catecismo dos Católicos)*, publicado em 1558-1559, com 124 perguntas direcionadas aos estudantes. O Concílio de Trento publicou, em 1566, o *Catecismo Romano*, editado por Pio V: *Catechismus ex decreto Concilii Tridentini ad Parochos, Pii Quinti Pont. Max. Iussu Editu (Catecismo para os Párocos a partir dos decretos do Concílio de Trento, aprovado pelo Sumo Pontífice Pio V)*. Em seu tempo, foi considerada a obra-mestra da catequética romana, tanto por seu conteúdo quanto pela sua didática apresentação. São Roberto Belarmino publicou dois catecismos com renovado vigor: o primeiro, em

1597, é a *Dottrina cristiana breve perché si possa imparare a mente* (Doutrina Cristã resumida para que se possa aprender decorando), voltada para crianças e pessoas simples, com 96 perguntas e respostas, em forma dialogada – o mestre pergunta e o discípulo responde; o segundo, publicado em 1598, é o *Dichiarazione piu copiosa della Dottrina Cristiana per uso de quelli que l'insegnano ai fanciulli e altre persone semplici, composta in forma de dialogo* (Declaração mais ampla da Doutrina Cristã para uso daqueles que ensinam às crianças e às pessoas simples, composta de forma dialogada); obra escrita com o intuito de ser um guia para sacerdotes-catequistas e professores, com 273 perguntas e respostas.

O prestígio e a procura desses catecismos foram tão inusitados que rapidamente obtiveram o reconhecimento pontifício. Com isso, foram acolhidos como *o Catecismo oficial de toda Itália*, até a publicação do *Catecismo de São Pio X* (1905). No século XX, em razão dos avanços no campo da Pedagogia, houve tentativas de renovação dos catecismos e de toda a catequese. Com o passar do tempo, os catequistas e catequetas perceberam que o Catecismo se apresentava como um "*instrumento insuficiente*" perante os novos desafios da sociedade. Ele foi se tornando estreito e desconectado das interrogações do homem moderno. Começou, desse modo, a brotar no seio da Igreja a ideia de um *Catecismo único*, já proposto no Concílio Vaticano I (1869). Surgiram, então, vários textos com expressiva estrutura e atualizada mentalidade. Dentre outros, podem ser citados *O Catecismo para as Dioceses*, na Alemanha (1955), e o *Novo Catecismo para Adultos*, na Holanda (1966). O Concílio Vaticano II aprovou a ideia da elaboração de um *Diretório Catequético*, cujo intuito era orientar a redação de catecismos locais (cf. Decreto *Christus Dominus*, 44). Assim, em 1971, aparece o *Diretório Catequético Geral* (vide parte III – *Instituições e Documentos Eclesiais Ligados à Catequese*) e, finalmente, em 1992, publicou-se o *Catecismo da Igreja Católica*, oferecido como regra segura para o ensinamento da fé, destinado, de modo prioritário, aos bispos (como mestres da doutrina) e, por extensão, *a todos*, sempre que preparados adequadamente, com certo grau de cultura doutrinal e teológica, sem o qual a leitura do Catecismo não será proveitosa. Este servirá, também, para *alentar e facilitar a redação de novos catecismos locais* que levem em conta as diversas situações e culturas, mas que conservem cuidadosamente a unidade da fé e a fidelidade à doutrina católica (cf. *Fidei Depositum*, IV).

1.2. O Catecismo

Uma definição mais ou menos abrangente de Catecismo poderia ser a seguinte: O *Catecismo* é o livro que trata da fé, recolhendo o anúncio cristão e a experiência de fé vivida pela Igreja. Nele, traduz-se essa riqueza com o intuito de que seja legível e significativa para quem caminha pessoal e comunitariamente rumo à maturidade cristã.

Na intenção catequética da Igreja, tal livro deveria ser *um compêndio orgânico e elementar do mistério cristão*. Ele, por meio dos bispos da Igreja – responsáveis pela ação catequética em suas dioceses –, recolhe, *de modo autorizado e autêntico*, os documentos e as fontes da fé considerados essenciais para a *fundamentação e o amadurecimento* da vida cristã dos que acreditam, em uma *situação e tempo determinados*.

O Catecismo, como texto que exprime a fé da Igreja, deve abranger, no mínimo, **seis dimensões teológicas**, a saber:

- ■ **É o livro da fé católica**, sujeito às coordenadas históricas. Deve ter uma amplidão universal, de modo que possa ser lido e praticado por todos os cristãos católicos do mundo e aberto a estudos ecumênicos. É a *expressão autorizada e autêntica* do anúncio cristão e da experiência de fé vivida e traduzida pela Igreja no seu momento histórico e, portanto, *expressão oficial do seu magistério* (cf. DGC, 121).

Desse modo, é um manual de *documentos da fé* que os pastores oferecem aos cristãos, de idades e lugares concretos, para iniciá-los na fundamentação da fé comum da Igreja: as verdades medulares do Credo, a celebração da fé na liturgia e nos sacramentos, a oração do Senhor – Pai-Nosso – e as orientações básicas da vida cristã segundo o Evangelho – o decálogo e as bem-aventuranças.

O Catecismo é um *documento doutrinal*, a modo de *regra* da fé, herdeiro das profissões de fé batismais dos primeiros séculos, em especial do Símbolo dos Apóstolos (séculos III-IV). Essas profissões de fé, desde o Concílio de Niceia (325), são consideradas expressão da fidelidade à Tradição recebida dos apóstolos (primeiras testemunhas do Ressuscitado). Por isso, desde os séculos XVI e XVII, elas são o *critério da doutrina eclesial* (cf. DGC, 121.132).

■ **Está a serviço da transmissão da fé:** o Catecismo, desde suas origens, constitui um *critério basilar* no ensino cristão. Em certos momentos, sua valorização foi tão excessiva que prevaleceu sensivelmente sobre a leitura e o ensino da Palavra de Deus, o testemunho vivo dos catequistas e a *força educadora* da comunidade cristã. Todavia, trata-se apenas de um *instrumento*, certamente significativo e qualificado, a serviço da transmissão da fé, pois, como diz Ratzinger, esse compêndio tem seus limites; e ele não pode ser, certamente, o único ou o melhor modo possível de exprimir, em forma catequética, a mensagem cristã (cf. *Natura e finalità del Catechismo*).

■ **Atua na ação catequizadora:** a catequese é, sem dúvida, um *ato de tradição* (*traditio* = entrega) que suscita uma resposta que compromete toda a vida. A Igreja, por meio da perseverante ação dos catequistas, transmite aos catecúmenos sua própria experiência de vida cristã condensada na Escritura, na liturgia e nas expressões do seu magistério para formar ao longo dos tempos a fé da Igreja. Este é o *lugar e o papel* do Catecismo: ser *portador e servidor* autêntico das *fontes* da fé selecionadas autorizadamente para oferecer os núcleos centrais da fé a destinatários precisos – crianças, adolescentes, jovens, adultos, idosos, catequistas e presbíteros, com as suas particulares *circunstâncias históricas.*

A catequese é o processo pedagógico que propicia o encontro pessoal entre o catequizando e o catequista (delegado pela Igreja), estimulando e provocando, nos encontros catequéticos, a força e a sensibilidade para que o catequizando acredite nas verdades comunicadas. Nela, o catequista serve como instrumento para que o catequizando se abra à força religiosa da Palavra de Deus por meio da comunicação da Igreja. Aí se verifica o encontro pessoal com o Deus vivo, em Jesus Cristo, como Palavra do Pai. É esse ressoar comunitário – ação catequética – a fonte imprescindível para o crescimento interno e o amadurecimento dos catequizandos.

Sabemos que a catequese tem uma força *interpeladora,* e o Catecismo colabora com isso, na medida em que é veículo *autêntico* das fontes da fé. Ela tem, também, uma *função hermenêutica e atualizadora* da Tradição Eclesial. O Catecismo contribui enquanto *síntese e tradução significativa* das fontes da fé na cultura contemporânea, e na difícil tarefa de atualizar *a linguagem da Tradição,* a fim de que os cristãos, compreendendo e assumindo a substância viva do Evangelho *desde o próprio horizonte cultural,* possam aderir livremente a Deus e a Jesus Cristo (cf. DGC, 133).

Futuramente, os catecismos modernos deverão contribuir efetivamente para iniciar os cristãos na leitura da Sagrada Escritura como *palavra viva hoje na* Igreja, ajudando estes a aprofundar o sentido do conteúdo revelado para nossos dias, segundo o maternal discernimento eclesial.

- **Está a serviço da identidade cristã:** para os desafios da cultura atual em nível mundial, não basta que os cristãos vivam a sua *identidade cristã*; eles devem, também, ser agentes patrocinadores de mudanças na evangelização das culturas (EN, 19-20; CT, 56).

Entre todas as ações da Igreja, *a catequese* é aquela que tem a missão de assegurar a *identidade do cristão,* fundamentando e consolidando a sua fé (cf. DGC, 194), e, desde o trabalho de iniciação catecumenal, exerce quatro funções basilares: 1) *querigmática*; 2) *litúrgica e contemplativa*; 3) *moral e comunitária*; e 4) *apostólica e missionária* (cf. DGC, 67-68).

Nesse serviço comunitário à primeira maturidade, o Catecismo apresenta *a explanação do símbolo da* fé, como expressão privilegiada da fé eclesial e resumo privilegiado da "*traditio cristã*"; dos *sacramentos,* como lugar de encontro com Cristo na comunidade, de festa, de libertação e de compromisso solidário; do *Pai-Nosso,* como base de toda oração cristã; e do *decálogo e das bem-aventuranças*, sendo aquele *o mandamento novo de Cristo* e estas o estilo de vida evangélico. Tudo isso, certamente, inserido no âmbito da *comunidade cristã* que celebra a fé na liturgia. Esses conteúdos são desenvolvidos segundo as acentuações que cada época requer, para salvaguardar a identidade dos cristãos (cf. DGC, 82-83; 122; 133-136).

É claro que o Catecismo será sempre *letra morta* se os cristãos não acolherem e escutarem, pessoal e comunitariamente, as verdades da fé e da moral, aderindo, como discípulos, à pessoa de Jesus Cristo, que é, sem dúvidas, o objetivo final da catequese, e não o manifestarem em obras e palavras, com os lábios, com o coração e com a vida (cf. DGC, 82-83).

■ **Está a serviço da unidade na fé:** o processo catequético e o Catecismo agem sempre entre a necessária tensão entre a identidade da fé e a novidade na sua transmissão; a unidade na fé e a variedade de linguagens; a comunhão dentro da Igreja e o lugar de encontro com os não crentes e crentes de outras confissões; o veículo e síntese lúcida das *fontes da fé* (cf. DGC, 121) e o serviço à unidade da profissão de fé.

O Catecismo não está contra o pluralismo ou o progresso teológico legítimo, porém, assume tudo aquilo que é comum na fé da Igreja, isto é, tudo o que a Igreja considera como *patrimônio comum da fé viva da comunidade eclesial* (cf. DGC, 124.125), segundo o momento atual de sua história, deixando para a discussão teológica e o magistério eclesial os necessários aprofundamentos e esclarecimentos.

■ **Apresenta a mensagem "sinfônica" da fé a serviço da inculturação dela mesma:** tudo o que foi exposto sobre as dimensões teológicas do Catecismo, assim se fez pensando, também, nos *catecismos* aprovados ou assumidos pelos bispos diocesanos para suas Igrejas particulares.

No entanto, considerando-se a publicação do CIgC e, em relação a ele, a dos catecismos locais, é oportuno salientar aquilo que a Igreja sempre viveu: "O CIgC e os catecismos locais, cada um com a sua autoridade específica, formam uma *unidade*", de tal modo que eles "são a expressão concreta da unidade na mesma fé apostólica, e, ao mesmo tempo, da rica diversidade das formulações dessa fé" (DGC, 136).

Essa conjunção harmônica contempla a fé como uma mensagem *sinfônica* e, ao mesmo tempo, de vozes misturadas – a *polifonia* da fé –, o que, à primeira vista, parece contraditório. "O Catecismo aprovado e proposto por um episcopado concreto não é um texto que pertence só a uma parte da Igreja: é um texto da *Igreja universal* destinado a um povo e cultura determinados. Portanto, *é a Igreja inteira* que se dirige a esse povo expressando a fé desse modo peculiar (cf. Atos 2,11)" (João Paulo II, 08/09/1997).

Relacionamento da catequese com os catecismos

A Sagrada Escritura tem sido sempre o "livro da Catequese por excelência" (CR 154.162). Antes da invenção da imprensa por Gutenberg, em 1436, e por mais de um século depois disso, pouquíssimas pessoas tinham uma Bíblia: livros, em geral, eram raros e caros. Prevalecia no povo a cultura da oralidade. Ainda assim, a Escritura estava constantemente presente na vida da população católica: nas devoções, nas festas e romarias, nas pregações dos chamados "septenários" (sete pecados, sete virtudes etc.) e nas obras de arte (vitrais, portas, retábulos etc.). Por isso, afirma o Concílio na *Dei Verbum*: "É preciso que a catequese seja alimentada e dirigida pela Sagrada Escritura. São tão grandes a força e a virtude da Palavra de Deus que fornecem à Igreja a solidez da fé e o alimento interior, fonte pura e perene da vida espiritual. A própria Escritura testemunha: 'A Palavra de Deus é viva e eficaz'" (*Hebreus* 4,12; cf. DV, 21).

Podemos afirmar que a Igreja Católica saiu da Idade Média menos cristã do que ela se imaginava. O trabalho de evangelização não deu certo no tocante ao desafio de tentar desprender as massas rurais do paganismo plurimilenar[1]. Por isso, nos séculos seguintes, a Igreja pós-tridentina se comprometeu em fazer um trabalho mais consistente na ação cristianizadora do povo rural, e foi aí que os catecismos desempenharam um papel relevante, servindo para ensinar a doutrina, incentivar a prática dos sacra-

---

[1] J. DELUMEAU. *Un chemin d'histoire*, 17.

mentos e dos mandamentos e para o fomento da oração. No próprio Concílio de Trento, foi instituído um Catecismo oficial: o *Catecismo Romano*, promulgado em 24 de setembro de 1566 pelo Papa Pio V (vide *história dos catecismos*).

Com o advento do Concílio Vaticano II, a Igreja inaugurou uma nova era, comunicando a todos contagiante alegria e esperança. No meio de grandes mudanças, em todos os níveis, obviamente a catequese foi, em certo sentido, pioneira. Multiplicaram-se os institutos dedicados a ela. O ponto central dessa nova visão catequética girava em torno de duas palavras: tradição e experiência. Esse último Concílio desenvolveu uma nova visão da Tradição Eclesial: "tradição" passou a significar um processo vivo e dinâmico dentro da Igreja, o que comportara uma nova intelecção da encarnação. Então, a catequese, renovada, deslocou o braço da Tradição, fortemente valorizado no catecismo de Trento, para a força da experiência, menos considerada anteriormente. A nova catequese pensou a Tradição na história humana em profundo movimento de mudança, que levou a salientar novas diretrizes para a catequese, dentre as quais: catequese como processo de iniciação à vida de fé, *processo permanente* de educação da fé, catequese *cristocêntrica*; ministerialidade da Palavra – a Palavra como *texto principal* da catequese –; coerência com a pedagogia de Deus; catequese *transformadora e libertadora*, interação fé e vida; catequese inculturada, integrada com as outras pastorais; caminho de espiritualidade; com a *opção preferencial pelos pobres* e uma renovada visão dos *temas e conteúdos* catequéticos (DNC, 13, pp. 20-24).

No que diz respeito ao relacionamento da catequese com o Catecismo, deve-se salientar que aquela sempre se valeu de subsídios escritos ou "catecismos". Conhecendo a natureza da ação catequética, fica claro que não podemos equiparar esses conceitos. A ação da catequese é mais pedagógica e, desse modo, procura encontrar a maneira mais acessível de entrar em comunicação com os catequizandos e a comunidade, a fim de tornar palpável a condescendência amorosa de Deus, na pessoa e ministério de seu Filho amado, Jesus Cristo. Trata-se da transmissão da mensagem vital do Evangelho e sua aceitação para promover o seguimento discipular de Jesus. Portanto, não se trata apenas de um exercício de memorização ou simples instrução, seja ela orgânica ou sistemática, das verdades da fé cristã, como estão escritas nos catecismos ou compêndios da fé. Para melhor ilustrar esses conceitos, oferecemos aprofundado desenvolvimento nos correspondentes verbetes.

Estamos acostumados a saber sobre a fé a partir de um propalado conceito de catecismo, reduzido ao conhecimento nocional e intelectual dos seus dados básicos. Não negamos a importância disso, uma vez que se trata de um instrumento importante para lançar as bases doutrinais para podermos dar a devida resposta à pergunta sobre as razões de nossa fé, esperança e amor, tanto para nós mesmos quanto para o mundo plural. É evidente que é fundamental buscar ter clareza quanto aos dados elementares de nossa proposta de vida cristã. Na verdade, é o mínimo que se pode exigir de um cristão em termos cognitivos.[2]

---

[2] Cf. Manuel Matos HOLGADO/Vicente María Pedrosa ARÉS. "Catecismos e Catecismo". In: *Dicionário de Catequética*, pp. 114-124; CATECISMO DA IGREJA CATÓLICA, 119-136; 210. 282-284; CNBB. *Diretório Nacional de Catequese* (Documento CNBB 1). Brasília: Edições CNBB, 2006, nn. 59-83.125-137 (os critérios tratados nestes números podem ser aplicados à elaboração dos catecismos locais); Ralfy Mendes de OLIVEIRA. *Vocabulário de Pastoral Catequética*. São Paulo: Loyola, 1992, pp 31-32; Revista ECOando 4, Ano I, pp. 26-27; ISTITUTO DI CATECHETICA DA UNIVERSITÁ SALESIANA. *Andate e Insegnate. Manuale di Catechetica*. Leumann: Elledici, 2002, pp. 106-110; Luiz Alves LIMA. *História da Catequese* (apostila gentilmente cedida pelo autor). São Paulo: Unisal; Antonio BOLLIN/Francesco GASPARINI. *A catequese na vida da Igreja: notas de história*. São Paulo: Paulinas, 1998; CNBB. Textos e manuais de catequese: elaboração, análise, avaliação (Estudos 53). São Paulo: Paulus, 2003; J. B. LIBANIO. "Catequese, catecismo e catequistas: que história é essa?". In: VV.AA. *Uma história no plural* (org. Mauro Passos). Petrópolis: Vozes, 1999, pp. 209-231; Israel José NERY. *Catequese com adultos e catecumenato: história e proposta*. São Paulo: Paulus, 2001, pp. 19-10.

1.3. Breve história da catequese no Brasil

De acordo com ponderadas pesquisas, a primeira igreja do Brasil foi erguida em 1503, por dois frades franciscanos menores (cujos nomes não sabemos) que chegaram a Porto Seguro na expedição de Gonçalo Coelho. Pertenciam à província religiosa de Portugal e integraram o primeiro povoado do Brasil com a participação de europeus. Os índios, com outros portugueses que acompanharam a missão, ajudaram a construir uma igrejinha simples, que foi colocada sob o patrocínio do Seráfico São Francisco: *Igreja de São Francisco de Assis do Outeiro da Glória*. Em 19 de junho de 1505, o povoado foi massacrado pelos índios, mas um novo templo foi construído, por volta de 1515, mantendo-se ativo até 1730, quando entrou em acelerado processo de ruína.

Com a criação da primeira Vila de São Vicente, em 1532, criou-se também a primeira paróquia do Brasil, subordinada à Diocese do Funchal, na Ilha da Madeira. Sua padroeira foi *Nossa Senhora da Assunção* e seu primeiro pároco, o Pe. Gonçalo Monteiro.

Por alvará do Rei Dom João II, em 5 de outubro de 1534, foi criada a segunda paróquia do Brasil (ou "primeira" oficial), chamada de *Paróquia do Santíssimo Salvador de Olinda*; e no Consistório, em 25 de fevereiro de 1551, o Papa Júlio III[3] aprovou a criação da *Diocese de São Salvador nas partes do Brasil* e confirmou como seu Bispo Dom Pedro Fernandes Sardinha.

Ao mesmo tempo em que a Igreja ia se organizando em dioceses e paróquias, os missionários, especialmente os jesuítas, afadigavam-se na evangelização dos povos indígenas. Os missionários trabalhavam com certa independência em relação aos bispos, e isso provocou alguns conflitos.

---

[3] Seu nome de Batismo era Giovanni Monte, escolhido Papa em 22 de fevereiro de 1550. Teve uma contínua preocupação em levar paz à Europa.

Os jesuítas implantaram uma catequese institucionalizada pelos colonizadores portugueses, seguindo as diretrizes do Concílio de Trento. Após as primeiras tentativas de evangelização dos indígenas, a ação missionária começou a crescer com o conhecimento, por parte destes missionários, das línguas indígenas mais ou menos faladas por todos, especialmente o *tupi*, língua na qual conseguiram escrever catecismos (infelizmente, pouco respeitosos da sua cultura). Os jesuítas usaram como recursos didáticos a música, o teatro, a poesia e a dança ritual. Nessa catequese, predominou a metodologia da tradição oral: a memorização mecânica e repetitiva da doutrina.

Grandes missionários foram enviados a estas terras, entre eles destacaram-se Pe. Manoel da Nóbrega e São José de Anchieta, que viria a ser o fundador da Vila de São Paulo e que foi, além de evangelizador e catequista, poeta, médico, pacificador, mestre-escola, arquiteto, enfim, um missionário exemplar e completo, agraciado com os títulos de "apóstolo do Brasil" e "padroeiro dos catequistas".

Os missionários enfrentaram inúmeras dificuldades por causa da ambição colonizadora lusitana, que impulsionava uma política decididamente mercantilista, a ponto de o Papa Urbano VIII escrever a Bula *Comissum nobis* em 1638, com o intuito de defender energicamente os índios. Todavia, os portugueses, principalmente os da capitania de São Paulo, por interesses mercantilistas, recusaram-se a aceitá-la.

Seria injusto atribuir esse gigantesco trabalho evangelizador apenas a missionários religiosos. Muitos leigos, especialmente mulheres – infelizmente, esquecidas pela História –, tiveram papel fundamental nessa heroica empreitada.

Catecismos empregados na primeira catequese

A preocupação inicial dos missionários foi encontrar metodologias acessíveis que possibilitassem sua comunicação com os indígenas. Para isso, aprenderam, com heroico esforço, a língua **tupi-guarani** e, posteriormente, deram-se à tarefa de traduzir para essa língua os catecismos trazidos da Europa.

A primeira obra catequética conhecida foi a *Suma de doutrina cristã*, de Pedro Correia, escrita em 1552, na "língua natural da terra". Depois, a *Suma da fé*, escrita em português, em 1560, pelo Pe. Luiz Grã, e traduzida para o *tupi-guarani* em 1574, pelo Pe. Leonardo do Vale.

Lembramo-nos, também, do *Diálogo da fé*, texto bilíngue escrito em 1592 pelo Pe. José de Anchieta. O *Catecismo brasílico da doutrina cristã* foi escrito em 1686 pelo Pe. Antônio de Araújo e apresentava estrutura muito complicada. Por isso, poucos anos depois, o erudito Pe. Antônio Vieira compôs uma versão mais simples em "seis línguas indígenas do Amazonas".

Mais tarde, as ideias políticas e sociais que transformaram a Europa no século XVIII repercutiram fortemente na América e, por conseguinte, no Brasil. A mentalidade iluminista e o despotismo político abalaram seriamente a ação missionária da Igreja. Os padres jesuítas foram os primeiros a reagir e, por causa disso, em 1759, foram expulsos destas terras. Assim, todas as portas ficaram abertas à imposição de um modelo catequético inspirado no jansenismo[4], que direcionava o ensino mais ao aspecto político do que ao doutrinário. No campo da moral, a influência dessa corrente foi simplesmente desastrosa: seu insistente ri-

---

[4] O *jansenismo* foi um movimento doutrinário, moralista e político que repercutiu na Igreja europeia durante todo o século XVII. Seu centro foi o mosteiro de Port Royal, na França, e seu mentor, *Cornélio Jansênio* (1585-1638), bispo de Ypres. Em sua opinião, a Eucaristia era "privilégio de alguns eleitos", que constituíam um reduzido círculo de "predestinados". A divulgação de seus ensinamentos acarretou nefastos resultados para a catequese na Igreja europeia e latino-americana. Os cristãos se afastaram da comunhão sacramental e de uma participação mais ativa e comprometida com a comunidade eclesial. Mediante a Bula *Vineam Domini* (1705), o movimento teve a primeira condenação, e com a Bula *Unigenitus* (1713), o Papa Clemente XI condenou definitivamente tal heresia. No Brasil, o jansenismo penetrou por meio do catecismo imposto pelo Marquês de Pombal, logo após a expulsão dos jesuítas.

gorismo ascético e espiritual e sua exagerada negatividade da sexualidade humana acabaram por formar na população consciências *doentiamente escrupulosas* e, na sociedade como um todo, a visão de um cristianismo severo, triste e amargurante.

Apesar disso, nos estratos sociais mais humildes, o cristianismo vivia e sobrevivia graças a uma forte piedade popular, caracterizada pela simplicidade das normas fundamentais e pela multiplicação das devoções: novenas, tríduos, procissões e pregações populares, misturados a elementos indígenas e africanos. É oportuno citar aqui as sábias e inspiradas palavras de Dom Helder Câmara, referindo-se à "evangelização" nos primeiros tempos da colonização: "Quando não havia estradas, nem aviões, nem automóveis, nem ônibus, nem caminhões; quando a solução era andar a pé, ou no lombo de animais, ou em barcos precários rio acima e rio abaixo, a religião foi levada de ponta a ponta do continente... Não houve montanha íngreme, não houve lugar remoto, não houve área desértica ou pantanal onde a cruz não fosse plantada".

Hoje, é fácil afirmar que houve excesso de sacramentalização ou que houve pobreza de evangelização; mas aí está enraizada a fé no coração de nosso povo. Claramente houve (e há) mescla de superstições, e a religião quase sempre foi apresentada segundo o espírito da época, de modo alienado e alienante; mesmo assim, é profunda a crença de nossa gente, e nela reside a coragem de viver e de sofrer. A Paixão de Cristo, o Santíssimo Sacramento, Nossa Senhora e os santos populares arrastam multidões para procissões ou para visitas a santuários milagrosos. Houve, sem dúvida, heroísmo na pregação missionária. Houve e há santidade anônima no meio da gente sofrida e simples. Há o trabalho surpreendente do Espírito de Deus no íntimo de criaturas mergulhadas em uma subvida..."[5]

---

[5] AA.VV. *Ano 2000: 500 anos de Brasil – Uma visão de fé, esperança e amor nas mensagens fraternas de Dom Helder Câmara*.

Com a vinda da família real para o Brasil, a situação foi mudando paulatinamente. A mentalidade jansenista foi substituída pelo espírito católico romano, que surgiu revigorado do Concílio de Trento.

Na fase final do Império, dentro do catolicismo sertanejo, apareceram figuras populares que deixaram profundas marcas nas populações nordestinas. A atuação dessas figuras revelou sensibilidade e ternura para com os pobres e desclassificados. Concretamente, destacaram-se as figuras do leigo Antônio Vicente Mendes Maciel, conhecido como "o santo homem" Antônio Conselheiro, "missionário dos mal-aventurados" e "defensor dos desclassificados"[6]; e a do Pe. José Antônio de Maria Ibiapina, considerado o maior missionário popular daquele tempo, homem que vivia a compaixão traduzida em atos de solidariedade. Aplicou admiravelmente um método de trabalho em mutirão para construir casas de caridade, aliviando, assim, o sofrimento dos pobres e excluídos.[7]

Junto aos textos de catequese, foram amplamente difundidos devocionários, novenários, manuais de oração, terços, horas marianas etc.

Em março de 1890, Dom Antônio Macedo Costa conseguiu – pela primeira vez – reunir o episcopado brasileiro com o intuito de promover entre todos o incremento da catequese. Em 1903, os bispos decidiram publicar o *Catecismo da Doutrina Cristã*, um catecismo estruturado em quatro níveis, com fórmulas precisas, simples e fáceis de memorizar.

A partir de 1910, no pontificado do Papa Pio X, a catequese ganhou animação e entusiasmo. Ela se tornou um fato educativo permanente, atingindo muitas pessoas nas diversas idades, prioritariamente os adultos.

---

[6] Eduardo HOORNAERT. *Os Anjos de Canudos*.
[7] José COMBLIN. *Padre Ibiapina*.

A primeira tentativa de renovação veio com a implantação da Ação Católica, sob o pontificado do Papa Pio XI, com a qual um novo método de trabalho evangelizador foi viabilizado, aplicando-se a trilogia metodológica: *ver, julgar e agir.* A catequese colocou como espinha dorsal a História da Salvação, centralizada em Jesus Cristo, e uma ampla divulgação – em nível popular – do uso da Bíblia.

Não se pode esquecer da brilhante figura do Pe. Álvaro Negromonte, fervoroso animador de toda a catequese nesse período: criador e divulgador, no Brasil inteiro, do chamado *método integral de catequese*. Nasceu em 26 de outubro de 1901, no Engenho Gameleira (PE). Em 1927, transferiu-se para Belo Horizonte, onde publicou alguns dos seus primeiros trabalhos, como a *Pedagogia do Catecismo* (1937). A convite do (então) Pe. Helder Câmara, foi para Rio de Janeiro, em 1945. Em 1952, tornou-se assessor do Secretariado Nacional do Ensino Religioso e, a partir de 1953, redator-chefe da *Revista Catequética*. Depois de muitos sofrimentos, em 17 de agosto de 1964, faleceu essa preeminente figura da catequética brasileira. Sua vida e obra foram reverenciadas com muitos elogios: "(Ele foi) o mestre brasileiro da pedagogia catequética" (Helder Câmara), "incansável batalhador pela catequese em nossa terra" (Agnelo Rossi).

Obras catequéticas de Álvaro Negromonte

1) *Pedagogia do Catecismo*: talvez sua obra-prima. Nela, expõe minuciosamente seu método integral e todos os requisitos necessários para ser um bom catequista.
2) *Diretrizes Catequéticas*: coletânea de vários discursos de cunho catequético.
3) *Meu Catecismo*: quatro volumes, acompanhados de três volumes auxiliares para os catequistas (*Guias do Catequista*). Neles, explica detalhadamente como o catequista deve proceder em cada encontro com as crianças.

4) *Preparação para a Primeira Comunhão*: um dos seus melhores livros, que ele dedicou a professores, pais e catequistas.

O extraordinário evento eclesial do Concílio Vaticano II provocou uma inusitada renovação teológica, bíblica e litúrgica em todos os níveis, revolucionando toda a visão da Igreja e sua missão evangelizadora/catequizadora. Aqui no Brasil, essa força conciliar já vinha sendo impulsionada pela criação da *Conferência Nacional dos Bispos do Brasil* (CNBB), em 14 de outubro de 1952, tendo sido Dom Helder Câmara (quando ainda era somente padre) seu fecundo mentor.

Na América Latina, a renovação veio por meio da *Semana Internacional de Catequese*, seguida imediatamente da *Assembleia de Medellín* (1968), em que se percebeu claramente que o rumo da catequese devia responder às profundas transformações sociopolíticas do continente. Proféticos compromissos nasceram desses encontros: a opção fundamental pelos pobres, os germens da teologia da libertação e a consequente catequese libertadora e transformadora.

Essa fecunda corrente catequética consolidou-se com a aprovação, no dia 15 de abril de 1983, do Documento 26 da CNBB, *Catequese Renovada. Orientações e conteúdo*.[8] Esse documento passou a ser o *vade mecum* do movimento catequético brasileiro, criando uma unidade de princípios, critérios e temas fundamentais para toda a *Pastoral Catequética*. Ele coloca como diretriz de toda a catequese o mútuo e eficaz relacionamento entre a experiência de vida e a formulação da fé. Nestes últimos anos, por inspiração do *Diretório Geral para a Catequese* (1997), a CNBB promoveu o projeto de redigir um *Diretório Nacional de Catequese*. Essa importante tarefa foi empreendida pelo GRECAT (Grupo de Reflexão Catequética),

---

[8] CNBB. *Catequese renovada: orientações e conteúdo* (Documento 26). 2. ed. São Paulo: Paulinas, 1983.

que, depois de intenso trabalho de quatro anos, abrangendo pesquisas e consultas a reconhecidos especialistas na área da catequese e da liturgia, apresentou o esquema fundamental na 43ª Assembleia Geral da CNBB. Depois de vários encontros entre as diversas comissões, os Bispos, reunidos em Itaici (SP), no dia 15 de agosto de 2005, festa litúrgica da Assunção de Nossa Senhora, aprovaram-no definitivamente.[9] Feita a sua redação final – com oportunas emendas –, foi enviado à Santa Sé para o reconhecimento oficial. Finalmente, no dia 9 de junho de 2012, memória litúrgica do Bem-Aventurado José de Anchieta, Apóstolo do Brasil, na Casa Provincial La Salle, Vila Guilhermina, São Paulo (SP), a convite da Comissão Episcopal Pastoral da Animação Bíblico-Catequética, realizou-se o *Encontro Anual dos Catequetas e Professores de Teologia Pastoral*. No decorrer do encontro, e depois de esperançosos projetos, foi decidida a fundação da *Sociedade Brasileira de Catequetas* (SBCat). A sua finalidade consiste em favorecer a convergência de pessoas qualificadas no campo da catequese a serviço da iniciação à vida cristã e o livre intercâmbio de pesquisas e experiências que promovam o avanço nessa área pastoral. Ela estará a serviço do povo de Deus, por meio da elaboração de estudos sobre aspectos específicos da tarefa catequética, da colaboração interdisciplinar, da resposta a solicitações e sugestões dentro de sua área, mantendo sintonia com a CNBB e com outros organismos eclesiais afins (cf. *Ata de Fundação da Sociedade*).[10]

1.4. Catecúmeno

O homem contemporâneo não acredita e vive bem. Que interesse lhe acarreta acreditar no Evangelho? É capaz de

---

[9] *Congregatio Pro Clericis* – Decreto, 20062186/Vaticano, 08/09/2006.
[10] Magno VILELA. "A tradição da catequese no Brasil". In: Antonio BOLLIN/Francesco GASPARINI. *A catequese na vida da Igreja*, pp. 259-323; Israel José NERY. "História da catequese no Brasil". In: *Dicionário de Catequética*, pp. 573-585.

compreender a linguagem e o conteúdo atual da proposta cristã? A Tradição Eclesial é desconhecida e distante. O sentido de Deus, da oração, da vida, da dor e do mundo não mexe com a sua existência cotidiana. E então...? (Joseph GEVAERT. *Il dialogo difficile*).

A palavra *catecúmeno* provém do grego *catekoúmenoi*: "aqueles que recebem a instrução". No âmbito da catequese, diz respeito àquele que foi *admitido oficialmente* no processo de iniciação, a fim de que o capacite a acolher a proposta cristã na comunidade dos seguidores de Jesus. A iniciação se concretiza na recepção dos sacramentos do Batismo, da Confirmação e da Eucaristia. Nos últimos tempos, tal palavra teve seu significado ampliado. Chama-se *catecúmeno pré-batismal* aquele que faz o processo de iniciação em vista da recepção dos três sacramentos: Batismo, Crisma e Eucaristia. *Catecúmeno pós-batismal* é o que, tendo já sido batizado, agora deseja completar ou refazer o próprio itinerário em direção a um maior compromisso de vida cristã.

O catecúmeno, homem ou mulher, já é considerado membro da Igreja e goza dos direitos previstos pelo *Direito Canônico* (*Cânone* 206 §1 e 2). De fato, o Código esclarece que os catecúmenos, "movidos pelo Espírito Santo, com *vontade explícita*, desejam ser incorporados à Igreja e, por consequência desse próprio desejo, como também pela vida de fé, esperança e caridade que levam, unem-se a ela, que cuida deles como já filhos seus". Assim, a Igreja lhes *dedica especial cuidado* e os convida a viver uma vida evangélica, introduzindo-os na celebração dos Ritos Sagrados. Concede-lhes diversas prerrogativas que são próprias dos cristãos. Por isso, o *status de catecúmeno* se adquire em *duas condições*: a *vontade de ser incorporado* à Igreja e a *condução de uma vida de fé, esperança e caridade*, por meio de uma *externa manifestação do desejo* de vir a ser fiel com a recepção do Batismo. Dessa forma, o catecúmeno recebe as prerrogativas de: a) unir-se à Igreja, e b) receber dela o cuidado pastoral adequado.

É importante considerar seriamente os tipos de pessoas que hoje encontraremos entre as que serão consideradas "*catecúmenos*". Antes de tudo, deve-se perceber que estamos vivendo rigorosamente "uma mudança de época". O que, até bem pouco tempo, era certeza, servindo como referência para viver, tem-se mostrado insuficiente para responder a situações novas, deixando as pessoas estressadas, desnorteadas e desmotivadas.

Entre os elementos que aparecem mudados e que exigem novas relações, pode-se citar a relatividade do espaço e do tempo, as novas formas de relacionamento humano e o convívio interpessoal; o novo jeito de compreender os seres humanos e os projetos da sociedade. Hoje, devemos levar em conta, também, o que a internet possibilita: a vizinhança existencial que se descola da vizinhança geográfica.

A mudança de época coloca algumas coisas "em baixa" e outras "em alta". Por exemplo, no primeiro caso, podemos indicar a *instituição*, em todos os seus tipos; no segundo, temos o *indivíduo*, assumido como centro do mundo. Tudo isso implica sérios e desafiadores problemas para uma nova catequese, no que diz respeito ao que estamos acostumados a propor como temas importantes.

"Em baixa", temos, também, a *tradição*; "em alta", a *novidade*. Hoje, não vale seguir com propostas catequéticas originadas no valor da herança, como dizem os bispos franceses: "Não podemos nos contentar com uma herança, por mais rica que pareça. Devemos apresentar novas condições para uma proposta simples e decidida pelo Evangelho de Cristo" (cf. *Proposer la foi dans la société actuelle*). Desse modo, deve-se partir de propostas a serem *escolhidas pela pessoa*, o que significa que "em alta" encontram-se *a novidade, a diferença e a escolha*.

Ainda "em baixa", temos o *sonho* e a *utopia*; "em alta", a *palpabilidade*, ou seja, o almejar ao que está ao alcance das mãos, nada do que é muito distante. "Em baixa" estão a *renúncia* e o *sacrifício*; em contrapartida, "em alta" estão a *fruição*, o *gozo*, o *prazer imediato*. "Em baixa", *o eterno, o definitivo*; "em alta", *o movimento, a mobilidade, a transformação*. "Em baixa", a *racionalidade*; e, "em alta", a *emotividade*.

Enfim, de um lado, estará o agudo relativismo, próprio de quem, não devidamente enraizado, oscila entre as inúmeras possibilidades oferecidas. De outro, estão os fundamentalismos que, fechando-se em determinados aspectos, não consideram a pluralidade e o caráter histórico da realidade como um todo. Além disso, deste lado, constata-se que as leis do mercado, do lucro e dos bens materiais regulam todas as relações humanas. Dessa maneira, crescem as *propostas de felicidade, realização e sucesso pessoal*, em detrimento do bem comum e da solidariedade, desprezando-se as atitudes altruístas, solidárias e fraternas.

Importa salientar que, nessas dicotomias ("em alta" e "em baixa"), não se trata da "rejeição" de um dos polos, senão da "supervalorização" de um e, consequentemente, menor valorização do outro.

Observações para uma catequese de IVC: Diante de todos esses desafios, duas coisas devem ser afirmadas: A primeira é que a opinião de que, "antes, tudo estava bem e tudo era melhor" não corresponde à realidade. Para os fins da evangelização, sempre existiram "tempos e situações desafiadoras". Para comunicar Jesus Cristo como Senhor e Salvador, é preciso *assumir a mudança*, assumir este *hoje*. A segunda é que é preciso perceber que os valores "em alta" não se encontram distantes ou em oposição ao Evangelho: a) *individualização?* Recordemos que Jesus se dirigia a cada pessoa, interrompendo seu caminho, até mesmo quando a mulher, que, havia muitos anos, sofria de hemorragia, tocou a ponta de seu manto (cf. Marcos 5,25ss); b) *novidade?* Existe maior novidade do que a *Boa-Nova do Reino de Deus*, segundo a qual já não há mais judeu, nem grego nem escravo, nem livre (cf. Gálatas 3,28), mas, sim, uma mensagem que exorta "para que Deus seja tudo em todos"? (cf. 1 Coríntios 15,28); c) *escolha?* É um momento oportuno para tirarmos consequências ainda maiores das exigências ao convite de Jesus: "vem e segue-me" (Mateus 19,21); d) *palpabilidade?* Como deixar de pensar nos sinais do Reino que Jesus Cristo indica aos discípulos de João Batista, por exemplo? Ao ser indagado, Jesus não pretendeu, de forma alguma, dar aula de doutrina teórica, mas apresentava gestos e sinais amorosos e misericordiosos em favor dos mais fragilizados (cf. Mateus 11,1-6); e) *transitoriedade?* Somos ou não somos, nesta Terra, peregrinos rumo à Pátria Celeste? Acaso a Eucaristia não se chama *cibus viatorum* (alimento dos que estão a caminho)? (cf. Filipenses 3,20); f) *mobilidade?* "O Filho do Homem não tem onde reclinar a cabeça" (Lucas 9,58); g) *estética?* Basta olharmos a beleza com que são vestidos por Deus os lírios do campo (cf. Mateus 6,28) e a beleza do amor que se entrega, como o pastor que dá a vida pelas ovelhas (cf. João 10,10).[11]

---

[11] Cf. Antonio Francisco LELO. *Iniciação Cristã*, p. 221; CNBB. *Iniciação à Vida Cristã: glossário*, p. 93; CNBB. *Diretório Nacional de Catequese*, p. 192; SOCIEDADE BRASILEIRA DE CANONISTAS. *Código de Direito Canônico Comentado* – Tomo I (*Cânon* 206, §1/§2). Brasília: Edições CNBB, 2013, pp. 275-276; CNBB. *Diretrizes Gerais da Ação Evangelizadora da Igreja no Brasil – 2011-2015*, pp. 25-29, nn. 17-24; Joel Portella AMADO. "Catequese num mundo em transformação: desafios do contexto sociocultural, religioso e eclesial para a iniciação cristã". In: *3ª Semana Brasileira de Catequese*. Brasília: Edições CNBB, 2010, pp. 45-56; Joseph GEVAERT. *Il dialogo difficile. Problemi dell'uomo e Catechesi*. Leumann: Elledici, 2005; Andrea FONTANA. *Rigenerare identità e appartenenza tra i cristiani. Dispersi in Babilonia*. Leumann: Elledici, 2015 (especialmente os três primeiros capítulos); Henri DERROITTE (aos cuidados). *Catechesi e Iniziazione Cristiana*. Leumann: Elledici, 2006 (1º capítulo: Vale a pena ler NECKEBROUCK: *L'iniziazione. Un'introduzione antropológica*).

1.5. A história do catecumenato

A Igreja nascente, seguindo a inspiração de seu Mestre e Senhor e de seus apóstolos, dedicava grande cuidado à iniciação da fé e a seu seguimento discipular. A pregação missionária foi congregando, ao redor da Palavra do Senhor e da Eucaristia, pequenos grupos em múltiplos povoados e grandes cidades. Essa situação levou a Igreja a organizar e estruturar um caminho/processo de iniciação para os *neófitos* (brotos de cristãos), com a aplicação de uma metodologia denominada *catecumenato*, ocupando todos os espaços geográficos da Igreja, no Oriente e Ocidente. Não se trata, portanto, de um fenômeno localizado, mas de uma prática pastoral amplamente difundida em toda a Igreja e cujas primeiras experiências ocorreram no século II. Contudo, seu aprimoramento ocorreu entre os séculos III e V, período considerado "áureo" para a evangelização e a catequese da Igreja. O processo de formação dos cristãos acontecia por meio da introdução na vida da comunidade e da vivência dos Evangelhos, como fruto de um processo lento, gradual, marcado pela experiência dialogal da revelação na vida pessoal e comunitária.

Notadamente, entre os séculos II e IV, a Igreja se deparou com correntes internas que se opunham fortemente à doutrina antitrinitária. Em consequência disso, desabrocham acirrados debates com posições cristológicas deturpadas, entre elas o docetismo e o arianismo.

De outra parte, apareceram insuspeitos concorrentes religiosos que, com sedutoras propostas, atraíam homens em bom número: a *gnose* (gnosticismo), que, sob formas diversas, procurava um conhecimento superior de modo direto e intuitivo, promovendo uma atitude de rejeição à materialidade corporal, que, segundo essa corrente, é portadora da infelicidade do homem, já que a pregação de um dualismo radical entre a dimensão material e a espiritual da realidade humana deformava a realidade do homem; e, notadamente, o *esoterismo* e o *mitraísmo* (culto a Mitra ou Afrodite), que apresentaram forte concorrência ao cristianismo.

Surgem nesse tempo as escolas catequéticas de Antioquia, de Edesa, de Cesareia, da Capadócia e de Milão, inspiradas no testemunho e nos ensinamentos de Basílio de Cesareia, Jerônimo, Cirilo de Jerusalém, João Crisóstomo e Ambrósio de Milão. Nos séculos IV e V, os ritos da IVC seguem com maior força a linha de Hipólito de Roma, iniciada no século III.[12]

Quando o cristianismo começou a ser aceito social e politicamente – passando de "religião aceita", de início, a "religião oficial" do Império (Constantino e Teodósio) –, o catecumenato foi, aos poucos, declinando e perdendo eficácia evangelizadora. Iniciou-se um massivo processo de conversões; ser cristão começou a se tornar "situação trivial". Muitas pessoas desejosas de serem cristãs, levadas por confusos conhecimentos sobre a salvação, protelavam o pedido do Batismo para o final da vida, permanecendo apenas com a recepção dos ritos pré-batismais.

No decorrer dos séculos VI e VII, o catecumenato propriamente dito desapareceu paulatinamente; catequese e liturgia se distanciaram e abriu-se a possibilidade de se batizarem preponderantemente as crianças (o *paido-batismo*) sem nenhuma preparação, adaptando-se para elas o ritual do Batismo de adultos.

A partir do século XII, o batismo de crianças tornou-se prática normal da Igreja. O catecumenato deixa de ter eficácia evangelizadora e, dele, restarão apenas alguns ritos dispersos. Consequentemente, o processo iniciático fragmenta-se e se desvincula dos Mistérios Pascais.

---

[12] Hipólito foi o último dos padres a escrever obras em grego (depois, o latim passou a ser a língua literária da Igreja do Ocidente). Entre os escritos de sua autoria, temos a *Tradição Apostólica* (que alguns estudiosos colocam em dúvida), escrita em Roma, na primeira metade do século III (225), em que descreve o ritual completo da IVC.

A ordem dos três sacramentos da iniciação – Batismo/Crisma e Eucaristia – perde o sentido iniciático e introdutor à vida cristã. Essa ordem sofreu uma inversão, especialmente na Igreja do Ocidente: *a Eucaristia não é mais vista como o centro e ápice dos sacramentos da iniciação*, cume de todo o percurso da fé, fonte de vida cristã, identidade da comunidade cristã. Na verdade, na Igreja em tempos da IVC seria inconcebível alguém participar da Eucaristia sem que tivesse sido marcado com o selo do Espírito (Crisma). Pois é claro que os sacramentos da IVC nascem do Mistério Pascal de Jesus Cristo, formando um organismo no qual *cada um, especificamente, tem o seu lugar vital*. A Eucaristia ocupa, nesse organismo, "*um posto único*", para o qual os demais sacramentos são ordenados: ela se mostra como "o sacramento dos sacramentos". Assim, o Concílio lembrará de novo: a Eucaristia se apresenta como fonte e ápice de toda evangelização, pois já os catecúmenos são introduzidos, pouco a pouco, a participarem da Eucaristia, e os fiéis, uma vez assinalados pelo santo Batismo e pela Confirmação, acabam por se inserirem plenamente, pela recepção da Eucaristia, no Corpo de Cristo (cf. CIgC, 1211; PO, 5c).

Chegamos, assim, em longos passos, às portas do Concílio Vaticano II, que clamou por uma revisão litúrgica no campo da IVC, necessária e urgente, a fim de restabelecer um autêntico processo de IVC.

Foi este Concílio que restaurou o *Ritual da Iniciação Cristã de Adultos* (RICA), em 06/01/1972, com estas palavras: "Restaure-se o catecumenato de adultos, em diversos níveis, de acordo com a autoridade local. As etapas do catecumenato podem ser santificadas por diversos ritos, aptos a manifestar seu espírito" (SC, 64; AG, 13.14). A Igreja, falando-se precisamente em "restauração", está afirmando que o catecumenato pertence à "genuína Tradição da Igreja"; nasceu nos primeiros séculos, foi esquecido e, audaciosamente, recolocado em seu lugar na hodierna prática catequética na vida eclesial.[13]

1.6. Breve História do catecumenato no Brasil

Devemos afirmar com força que a Igreja no Brasil e na América Latina não conheceu nem aplicou um modelo de evangelização baseado na IVC.

De fato, o povo que veio de Portugal trouxe sentimentos e práticas cristãs católicas corriqueiras do povo português. Muitas dessas pessoas viveram de modo *desregrado e inconsequente*, no que diz respeito à conduta que se espera de bons cristãos.

Contudo, faz-se necessário afirmar que a vida cristã do povo brasileiro acha alicerce principalmente na ousada atuação de leigos e leigas (nem sempre explicitados na história da Igreja no Brasil). Eles foram marcando, com seu esforço, a fé cristã das famílias que habitaram estas terras, aproveitando a participação nas festas religiosas. A visão do mundo era, então, totalmente impregnada pela fé cristã. No olhar popular da época, tinha-se o seguinte: Deus Criador, Jesus Salvador, a força do demônio,

---

[13] Cf. CNBB. *Iniciação à Vida Cristã*, nn. 43-51, pp. 34-37; Dicionário de Catequética. *Catequese e Inspiração catecumenal* (Jesús López SÁES), pp. 124-128, *História da Catequese* (Angel Matesanz RODRIGO, pp. 564-573), *História da Catequese no Brasil* (Israel José NERY, pp. 573-585); Luiz Alves de LIMA. "A Iniciação Cristã ontem e hoje: história e documentação atual sobre a Iniciação Cristã". In: CNBB. *3ª Semana Brasileira de Catequese*. Brasília: Edições CNBB, 2010, pp. 57-114; Rosemary Fernandes da COSTA. *Mistagogia hoje: o resgate da experiência mistagógica dos primeiros séculos da Igreja para a evangelização e catequese atuais*. São Paulo: Paulus, 2004, pp. 97-116; _____. *A mistagogia em Cirilo de Jerusalém*. São Paulo: Paulus, 2015, pp. 15-24; Renato QUEZINI. *A pedagogia da Iniciação Cristã*. São Paulo: Paulinas, 2013, pp. 13-31; Antonio Francisco LELO. *Iniciação Cristã*, pp. 165-183; Guillermo D. MICHELETTI. "A figura do padrinho na Iniciação Cristã: história, atualidade e orientações sobre a figura do padrinho". In: *Revista de Catequese* 134 [abr./jun. 2011], pp. 38-47; Renato QUEZINI. *A pedagogia da iniciação cristã*. São Paulo: Paulinas, 2013, pp. 13-31; Antonio BOLLIN/Francesco GASPARINI. *A catequese na vida da Igreja: notas de História*. São Paulo: Paulinas, 1998.

o ser humano pecador e a necessidade de salvação; o céu, o inferno e a ajuda da proteção dos anjos e santos, especialmente de Nossa Senhora. A autoridade política apoiava-se na aceitação social de ser aquela "vinda" de Deus (sobretudo a monarquia).

O povo festejava muito, participando jubilosamente das festas religiosas, com símbolos e muita música: a cruz, as imagens dos santos, as procissões, solenizando, especialmente as festas do Natal e dos santos padroeiros; o ciclo da Semana Santa, em que se destacava a devoção à Sexta-Feira Santa, com pesado clima de luto, jejum e silêncio, atingindo seu ponto alto na procissão do Senhor morto.

Foram criadas capelas e paróquias, onde se destacavam, por uma parte, o nível ilustrado, com ensinamentos de filosofia e teologia, próprias do Clero; e, por outra, o nível popular, com a prática cristã de cunho simples e devocional. A cultura era copiada de Portugal e de forte cunho medieval. O lema dos que aqui chegavam para trabalhar, marcados pelo espírito de conquista geopolítica lusitana, era "dilatar as fronteiras da fé e do Império".

O trabalho missionário ficou quase todo sob a responsabilidade das ordens e congregações religiosas. Entre 1500 e 1549, os franciscanos foram os mais influentes. Em Salvador (BA), em 1549, chegaram os jesuítas, que trabalharam intensamente em heroica ação missionária, em paróquias, "reduções" e colégios, até a sua expulsão do Brasil, em 1759. Outros missionários que se destacaram nesse trabalho de evangelização foram os carmelitas, beneditinos, capuchinhos e mercedários.

Certamente, o caminho da evangelização teve muito de heroísmo. Os jesuítas aprenderam a língua aqui falada, o tupi-guarani, e traduziram para ele o catecismo de Portugal. Entre esses padres, destacou-se o incansável José de Anchieta, que traduziu vários textos catequéticos, como a *Doutrina Cristã* (Catecismo na língua brasílica) e o *Catecismo Brasílico da dou-*

trina cristã. Expressiva foi também a notável homilética do Pe. Antônio Vieira.

Para os missionários, era importante "obter a conversão dos povos indígenas", considerados como "gentilícios, incivilizados, pagãos, inimigos da fé, idólatras e dominados pelo demônio". O modelo de homem e de cidadão "a ser imitado" era, sem dúvida, aquele do cidadão português.

Sendo muito difícil a conversão dos indígenas adultos, todos os missionários se voltaram a catequizar crianças e jovens, por meio da criação de escolas. A pedagogia catequética, baseada principalmente na oralidade, com a aplicação de elementos gestuais, teatrais e musicais, teve relativo sucesso.

Esforço considerável nessa linha foi a experiência das chamadas *reduções*, que consistiam em redutos organizados, protegidos, seguros, ou aldeias bem estruturadas onde se colocavam os indígenas, partindo-se da visão de uma possível civilização indígena de cunho cristão, sem influência alguma dos colonizadores, que ambicionavam conduzir os nativos a um regime de quase escravidão e exploração.

As reduções, como experiência evangelizadora, tiveram, tal qual toda iniciativa humana, aspectos positivos e negativos. Entre os positivos, pode-se enumerar: 1. o fato de os índios estarem "reduzidos" ou protegidos, o que supôs um salto qualitativo na defesa de suas vidas ante a cobiça dos colonos inescrupulosos; 2. por meio das reduções, observou-se que, sem oferecer mínimas condições objetivas de recursos materiais para o ser humano, não é possível evangelizar; 3. essa experiência ajudou os índios a tomarem consciência de sua própria dignidade e valor; 4. por fim, também permitiu que os índios conhecessem vários avanços culturais e tecnológicos.

Do ponto de vista negativo, pode-se dizer que, se os indígenas foram confinados nas "reduções" com a desculpa de evangelizá-los e protegê-los dos colonizadores bandeirantes, na verdade, foram "reduzidos" para se obter uma "conquista religiosa" e mão de obra "barata" a serviço do Reino. Por causa disso, *não foram totalmente livres, mas sim dominados*; uma espécie de "prisão dourada". A cultura indígena foi pouco valorizada; os índios ficaram expostos à mortalidade por estarem concentrados em populações. As reduções foram, de certo modo, "paternalistas", controladas por sujeitos estranhos à cultura indígena. Em alguns aspectos, os nativos tiveram de servir a um imperador que não conheciam e a quem nem tinham aceitado com plena liberdade. Enfim, as reduções jesuíticas dos Guaranis representaram uma *utopia* concreta de evangelização *possível* durante um século e meio.

Sabemos que, por falsas e ideológicas acusações políticas, sobreveio a injusta expulsão dos jesuítas pelo Marquês de Pombal. Com isso, todo esse projeto terminou em enorme fracasso pastoral: os povos se disseminaram e acabaram por serem exterminados, seja porque se voltaram ao alcoolismo, seja porque contraíram muitas doenças trazidas da Europa.

Em 1707, as *Constituições Primeiras do Arcebispado da Bahia* contemplavam a ação catequética, sem nada novo a propor; deviam-se ensinar os principais pontos da doutrina cristã: orações, mandamentos, virtudes e obras de misericórdia. Impressas em 1719, essas indicações amplamente divulgadas foram de efetiva ajuda para toda a catequese.

Os negros trazidos da África como escravos não foram objeto de atenção do ponto de vista evangelizador. Eram batizados quando chegavam e obrigados às práticas das devoções cristãs. Dessa maneira, eles assimilaram muito do cristianismo católico por meio do contexto cristão das fazendas; mas, com esperteza, souberam enganar os fazendeiros e a Igreja, conservando, por trás das imagens católicas e das festas cristãs, as devoções e práticas religiosas de seus ancestrais. A Igreja, na pessoa do Papa

Leão XIII, trabalhou insistentemente para a abolição da escravatura. Depois de esforçadas iniciativas de muitas pessoas da Igreja, a Princesa Isabel, aos 13 de maio de 1888, sancionou a Lei 3.353, chamada "*Lei Áurea*", composta de apenas dois artigos, a saber: "1. É declarada extinta, desde a data desta lei, a escravidão no Brasil; 2. Revogam-se as disposições em contrário." [14]

Não temos, como vemos, nesses primeiros momentos, experiências concretas de inspiração catecumenal na catequese dos adultos. Os modelos imperantes foram inspirados no modelo doutrinário tridentino. Com o decorrer do tempo, pela iniciativa de zelosos bispos, foram surgindo diversos textos catequéticos, alguns deles elaborados por Dom Romualdo de Souza Coelho, Dom Antônio Viçoso, Dom Macedo Costa, Dom Luís Antônio dos Santos, Dom Pedro Maria Lacerda e Dom Antônio Joaquim de Melo.

A proclamação da República, em 1889, não trouxe poucas provas e desafios para uma nova evangelização. O modelo constitucional francês, adotado pelo Brasil, impunha a separação entre Estado e Igreja. O documento oficial que traz essa disposição é o Decreto 119-A, de 7 de janeiro de 1890. Ruy Barbosa, em 3 de maio de 1891, assumiu publicamente sua autoria. A Igreja reagiu, incentivando a catequese proposta pela iniciativa do Primeiro Concílio Plenário da América Latina, em 1899, convocado pelo Papa Leão XIII, sob influência do Concílio Vaticano I, de 1870.

No começo do século XX, a catequese recebeu especial ênfase sob a liderança catequética de São Pio X, plasmada em sua encíclica *Acerbo Nimis* (1905). Muitos bispos acolheram-na com rapidez e promoveram a publicação de cartas pastorais, recomendando a catequese paroquial e o ensino religioso sob a modalidade da catequese escolar. Desse modo, todo o

---

[14] Cf. Henrique Cristiano José MATOS. *Caminhando pela História da Igreja: uma orientação para iniciantes*. Belo Horizonte: O Lutador, 1996, vol. III, pp. 70-71.

Clero brasileiro motivou-se a organizar, nos âmbitos paroquial e diocesano, novos impulsos à catequese, promovendo, entre outras coisas, a proposta de redigir um Catecismo Nacional, que nunca se concretizou.

A *Ação Católica* teve grande influência sobre a catequese, propiciando um salto qualitativo de envergadura na formação e promoção de leigos e leigas como catequistas. Assim, progressivamente, tomando um caminho sem volta, os padres e os religiosos deixariam de ter o monopólio da catequese, o que marcaria definitivamente o futuro perfil catequético brasileiro.[15]

1.7. O catecumenato no Concílio Vaticano II

Pode-se reconhecer que o Concílio Vaticano II não tratou de modo "explícito" o tema da catequese, sobretudo no que diz respeito à elaboração de um documento específico. Limitou-se a ordenar a redação de um Diretório para a catequese (*Christus Dominus*, 14), pedido que foi concretizado com a publicação do *Diretório Catequético Geral*. A Congregação para o Clero valeu-se de uma comissão de especialistas para organizar um texto-base que, após inúmeras sugestões e correções provindas da consulta às Conferências Episcopais do mundo, foi definitivamente aprovado por Paulo VI, em 18 de março de 1971, e promulgado no dia 11 de abril do mesmo ano. Trata-se do primeiro documento pós-conciliar relacionado diretamente à catequese.

Claro que essa primeira aproximação ao tema parece muito simples, pois, lendo-se atentamente os textos conciliares, perce-

---

[15] Ralfy Mendes de OLIVEIRA. *O movimento catequético no Brasil*. Inspiramo-nos em: Israel José NERY. *Catequese com adultos e catecumenato*: história e proposta. São Paulo: Paulus, 2001, pp. 92-104; VV.AA. *História da Evangelização na América Latina*. São Paulo: Paulinas, 1988, pp. 30-41; Henrique Cristiano José MATOS. *Nossa História: 500 anos de presença da Igreja Católica no Brasil* – Tomo I/Período Colonial. São Paulo: Paulinas, 2001, pp. 122-135.

be-se que o Concílio tratou de temas verdadeiramente expressivos sobre a catequese, mesmo que não tenha concentrado tudo em um só documento sobre o tema.

O Concílio faz referência, de forma insistente, à recuperação do catecumenato na vida da Igreja. Não são poucos os documentos em que se pede o atendimento à forma da "iniciação à vida cristã" como metodologia catequética, especialmente para iniciar os adultos na fé cristã. O Concílio atendeu a esse pedido para responder ao insistente clamor dos bispos de países de missão.

A constituição sobre a Liturgia, *Sacrosanctum Concilium*, prescreve a restauração definitiva do catecumenato dividido em etapas e ordena a revisão do *Ritual do Batismo de Adultos*, tanto na forma mais simples como na solene. Também orienta que se aproveitem os elementos de iniciação existentes em cada povo, desde que não estejam ligados a superstições e erros. Pede, ainda, que "seja revisto o rito da Confirmação para mais claramente aparecer a íntima conexão deste sacramento com toda a iniciação cristã". Para os validamente batizados que se convertem à doutrina católica, determina a elaboração de um novo rito, "pelo qual se mostre que são admitidos à comunhão da Igreja" (SC, 64-68; e 71). A Constituição sobre a Igreja, *Lumen Gentium*, trata da pertença dos catecúmenos desejosos de "incorporar-se à Igreja" como membros vivos (LG, 14).

O Decreto sobre o *Ministério dos Bispos*, o *Christus Dominus*, pede atenção especial dos pastores para com a instrução catequética e prescreve que se restabeleça a instituição dos catecúmenos adultos (CD, 14). O Decreto sobre o Ministério dos presbíteros, o *Presbiterorum Ordinis*, orienta que os catecúmenos sejam "introduzidos pouco a pouco a participar da Eucaristia".

Os catecúmenos devem sentir o apoio da comunidade eclesial, pois a catequese é tarefa de toda a comunidade, não apenas dos catequistas e dos presbíteros. Esta deve se preocupar em direcionar todos os seus membros para Cristo, e mais ainda os catecúmenos e neófitos, que precisam ser educados gradativamente no conhecimento e na prática da vida cristã (PO, 6).

O Decreto sobre a atividade missionária da Igreja, *Ad Gentes*, esclarece que "o catecumenato não é mera exposição de dogmas e preceitos, mas uma educação de toda a vida cristã e um tirocínio de certa duração, com o fim de unir os discípulos com Cristo, seu Mestre". Pede, também, que "os catecúmenos sejam convenientemente iniciados no mistério da salvação, por meio da prática dos costumes evangélicos e pelos ritos sagrados que se celebram em tempos sucessivos" (AG, 14). Por isso, pode-se chamar o catecumenato de "noviciado da vida cristã".

Do ponto de vista prático, os catecúmenos já estão unidos à Igreja; já pertencem a Cristo, levando uma vida de fé, esperança e caridade, pois, pedindo sinceramente para serem incorporados à Igreja, movidos pelo Espírito Santo, unem-se a ela explicitamente; e a Mãe Igreja os abraça e acolhe com amor materno (cf. LG, 14).

É importante destacar que, no pensamento dos padres conciliares, a ação catequética de inspiração catecumenal não respondia a uma necessidade catequética emergente para toda a Igreja. Era, acima de tudo, referência prioritária para os países "em missão". Certamente, como se percebe, os padres não cogitavam a situação atual, considerando-se que, hoje, é muito forte a significativa e emergente descristianização da sociedade.

Como fruto das propostas conciliares, nasceu a publicação do *Ritual de Iniciação Cristã dos Adultos* (RICA), que trouxe renovada visão da catequese para adultos, concebendo-se esta como a *forma principal de toda a catequese*. De fato, o RICA não representa apenas a recuperação da catequese para adultos, mas uma *proposta eclesial e sacramental nova*, de extraordinária importância para recuperar os elementos essenciais da teologia litúrgica, como são a unidade entre evangelização e sacramentos, a tarefa da comunidade cristã na geração e nascimento de novos filhos à fé, a unidade orgânica dos sacramentos da IVC e a equilibrada relação do Batismo e da Crisma com a Eucaristia. Enfim, pode-se dizer que o renovado impulso de toda catequese, recebido do Concílio, no que diz respeito ao catecumenato, deu-se em razão de uma dupla decisão: a primeira, restabelecer o catecumenato de adultos; e a segunda, a publicação do RICA.[16]

1.8. Catequética/ catequeta

Para definir com precisão o que se deve entender por *catequética*, oferecemos algumas definições de renomados catequetas, que bem podem se complementar: a catequética é a disciplina que se ocupa da catequese no contexto da práxis pastoral da Igreja. Concretamente, é a *reflexão sistemática e científica sobre a catequese* em todas as suas dimensões, com o objetivo de *compreender, aprofundar e direcionar* essa importante ação educativa e pastoral; ou, ainda: é a tentativa científica e comprometida em *analisar, interpretar e projetar* a qualidade comunicativa e as condições educativas da catequese em suas várias formas.

[16] Cf. Emilio ALBERICH. *Catecumenato moderno.* Luiz Alves de LIMA. *A situação da catequese hoje no Brasil.* In: Revista de Catequese 143 [jan./jun. 2014], pp. 6-21; _____. "A Iniciação à Vida Cristã diante da mudança de época na América Latina". In: *Revista de Catequese* 144 [jul./dez. 2014], pp. 6-25; _____. "A Iniciação Cristã ontem e hoje: história e documentação atual sobre a Iniciação Cristã". In: *Revista de Catequese* 126 [abr./jun. 2009], pp. 6-22; _____. *A Catequese do Vaticano II aos nossos dias: o caminho de uma catequese a serviço da Iniciação à Vida Cristã.* São Paulo: Paulus, 2016; Antonio María Alcedo TERNERO. "El Concilio Vaticano II y la Catequesis". In: *SINITE* 161 [set./dez. 2012], pp. 449-467; Albertine Ilunga NKULU. "La catéchèse insérée dans la mission évangélisatrice de L'Eglise. Quelles implications?". In: *RSE* 2016/3 [set./dez. 2016], pp. 373-382.

A catequética apoia-se completamente na teologia pastoral e na pedagogia; portanto, *é disciplina teológica e pedagógica*. Em outras palavras, colocamo-la entre a teologia e a catequese. Essa disciplina é uma reflexão científica sobre a catequese. Sua identidade é propriamente determinada, antes de qualquer coisa, pelo objeto mesmo de que se ocupa, com toda a riqueza de suas modalidades e na verdade de suas realizações, seja em forma de ensinamento, de expressão simbólica, de reflexão comunitária, de iniciação sacramental, de itinerário organizado de fé etc.

A catequética é, concretamente, a *reflexão sistemática e científica* sobre a catequese, visando a definir, compreender, orientar e valorizar o exercício dessa importante ação educativa pastoral.

Dada a complexidade e riqueza do objeto estudado, explica-se que a catequética admite em seu seio *divisões e especificações*. Assim, alguns autores costumam distinguir a catequética entre *fundamental*, *material* e *formal*, por exemplo. A *catequética fundamental* estuda as condições e pressupostos básicos da ação catequética e a determinação de sua identidade e dimensão fundamental. A *catequética material* tem como objeto de estudo os conteúdos da comunicação catequética: estrutura e articulação da mensagem, temas a tratar, critérios de seleção e de inculturação, fontes de conteúdo etc. A *catequética formal* se ocupa dos aspectos propriamente metodológicos e pedagógicos da transmissão ou mediação catequética: métodos, estruturas, agentes, linguagens e programação. Alguns preferem adotar a distinção entre catequética *fundamental* e/ou *geral* e catequética *especial* ou *diferencial*, esta última relativa aos diferentes destinatários da ação catequética, segundo a idade ou condição: crianças, jovens, adultos, pessoas com deficiências intelectuais etc.; e, também, aos ambientes distintos ou lugares da catequese: família, escola, paróquia, associação.

Para compreender a natureza da ciência catequética, interessa precisar qual é propriamente o ângulo de visão ou perspectiva específica (*objeto formal*) de seu estudo. A esse respeito, é importante não perder de vista que a catequese é essencialmente ação eclesial e, como tal, invoca um saber teórico que lhe permite ser analisada, fundamentada, iluminada e guiada. Não teria sentido limitar-se, por exemplo, a focalizar ou pôr em dia conteúdos a transmitir, deixando de lado os aspectos propriamente metodológicos e operativos da catequese como processo e como ato, tampouco a elaborar uma teoria que fixe, de uma vez para sempre, as coordenadas essenciais da catequese, sem advertir que a ação catequética tem de se encarnar necessariamente no aqui e no agora de circunstâncias concretas e irrepetíveis.

Se a catequética se qualifica como ciência da ação catequética, significa que deverá configurar-se, em seu momento mais específico, como disciplina *metodológica,* isto é, como teoria do método ou caminhos a serem seguidos a fim de se projetar e levar a cabo o processo e o ato catequéticos (métodos). Desse ponto de vista, além de se apresentar substancialmente como metodologia sistemática e científica da catequese, a catequética se apresenta como reflexão orgânica sobre o processo e o ato específicos, a fim de analisá-los, interpretá-los e orientá-los.

O método da pesquisa catequética deve corresponder à variedade de dimensões e aspectos que apresenta a catequese como *processo* e como *ato.* Desse ponto, pode-se coligir grande multiplicidade de métodos: técnicas *de conhecimento* e de análise da realidade (psicológicas, sociológicas, históricas); instrumentos hermenêuticos *de interpretação e* discernimento, sobretudo teológico e filosófico); métodos *de projeção e organização* catequética (metodologia pastoral, pedagógica, didática); técnicas de expressão, de comunicação, de interação, de animação de grupo; sistema *de avaliação* e reprojetação operativa etc.

Pode-se concluir, portanto, que a disciplina catequética se configura como um saber necessariamente *pluridisciplinar*, já que recorre à multiplicidade de métodos e procedimentos científicos. Ademais, hoje, considera-se necessário orientar-se para uma autêntica *interdisciplinaridade*, com o intento de fazer tais métodos e procedimentos dialogarem entre si e de levar a uma recíproca interação entre distintos processos disciplinares implicados na reflexão catequética.

O estatuto epistemológico da catequética adquire perfis mais exatos quando se estuda o lugar e o significado da disciplina no concerto das ciências que, de alguma maneira, têm relação com ela. Nesse sentido, a catequese se encontra vinculada, de forma particular, a duas constelações epistemológicas: a das ciências *teológicas* e a das ciências *pedagógicas*. Por isso, a catequética, em seu devir histórico, apresenta-se sempre relacionada, com alternância de acentuação, a esse duplo ponto de referência e, segundo a dimensão dominante, aparecerá fundamentalmente como disciplina teológica ou como matéria pedagógica.

1) Que a Catequética pertença ao âmbito da reflexão teológica deduz-se da própria natureza do ato catequético, que se põe no quadro das atividades pastorais e se qualifica como serviço da palavra eclesial para a educação da fé. Poder-se-á observar que, durante muito tempo, tal pertença foi, de fato, concebida em termos de *subordinação* pura e simples da catequese à teologia sistemática e a seus cânones interpretativos – o que significa que a segunda ditaria à primeira os princípios fundamentais de ação e os conteúdos a serem transmitidos. Essa ideia ainda é muito difundida, porém, superada, já que reduz a catequética a simples dedução ou aplicação da teologia sistemática.

Na verdade, a natureza *teológica* da catequese recebe sua conotação mais adequada quando é situada no quadro *da teologia pastoral* ou *prática*. Nascida no seio desta última, desde seus começos, nos fins do século XVIII, a catequética é, necessariamente, vinculada à teologia Pastoral como a parte ao todo, por razão de seu objeto, pois, sendo a catequese ação educativa, formadora de cristãos, ela pertence ao âmbito da ação pastoral da Igreja. Qualifica-se, desse modo, em primeira instância, como disciplina *teológica*. Situada no quadro da teologia pastoral ou prática, é evidente que a catequética deve definir sua identidade na relação com as outras disciplinas ou setores afins, como são a *homilética* ou ciência da pregação, a *pastoral litúrgica*, a *pastoral juvenil*, a *pastoral escolar* etc. Nem sempre é fácil elucidar os confins, pois, com frequência, a catequese desenvolve-se, e com pleno direito, no interior mesmo de outras atividades pastorais, como a liturgia, a pastoral da juventude, a religiosidade popular, as atividades escolares etc. Impõe-se, portanto, um critério de distinção bastante dúctil e, sobretudo, a necessidade de diálogo e interação entre esses diversos âmbitos de ação e de reflexão disciplinar.

2) Por outro lado, a catequética responde, também, às características de uma verdadeira *disciplina pedagógica* e, como tal, encontra a sua colocação no conjunto das ciências da educação. Sabemos que, atualmente, se reveste de importância particular para a reflexão pastoral o conjunto enormemente desenvolvido das ciências humanas em geral, e especialmente o das ciências da educação. *O giro antropológico* próprio de nossa cultura obriga à renovada atenção ao sujeito, ao homem em situação, à dimensão histórica e cultural de toda ação e toda reflexão. Daí o interesse por todas as ciências humanas capazes de iluminar a tarefa pastoral: antropologia cultural, sociologia, psicologia, ciências da religião, ciências da comunicação etc.

Pode-se dizer que o mundo em geral, com seus problemas e aspirações, admite para si o significado de verdadeiro "lugar teológico", razão pela qual assumem relevância especial, em relação à reflexão operativa cristã, todas as operações e disciplinas que nos abrem o acesso ao conhecimento e à interpretação dessa realidade. E, como disciplina, a catequética deve manter relações muito estreitas, sobretudo, com o âmbito da reflexão pedagógica. De fato, a vinculação da catequética ao campo da educação é tradicional, bem como são tradicionais as denominações *pedagogia religiosa*, *pedagogia catequética* e outras semelhantes para designar nossa disciplina.

O caráter pedagógico da pesquisa catequética pode ser destacado a partir de uma dupla vertente: como processo educativo de maturação da fé; e como atividade que se insere naturalmente no dinamismo global do crescimento e maturação da pessoa. Nesse sentido, a catequética pode e deve ser chamada, com propriedade, de *ciência pedagógica*, sem prejuízo de sua vinculação ao âmbito da teologia, em sua vertente pastoral e prática.

O mundo das ciências da educação é muito rico e complexo, e abarca substancialmente três setores ou níveis disciplinares: o das ciências prevalentemente *descritivas* do fato educativo (biologia, psicologia, sociologia da educação, história da educação e pedagogia); o dos saberes *interpretativos* (como o da filosofia e da teologia da educação); e o das ciências *projetivas ou operativas* (metodologia pedagógica, didática etc.). É fácil compreender a complexidade e a riqueza que, desse ponto de vista, recebe o desenvolvimento catequético. Podemos observar o estatuto epistemológico da catequética no conjunto das ciências que auxiliam seu desenvolvimento, conforme o *diagrama*:[17]

---

[17] Quadro epistemológico inspirado em Emilio ALBERICH. *Catequese evangelizadora: manual de catequética fundamental.* São Paulo: Editora Salesiana, 2004, p. 28.

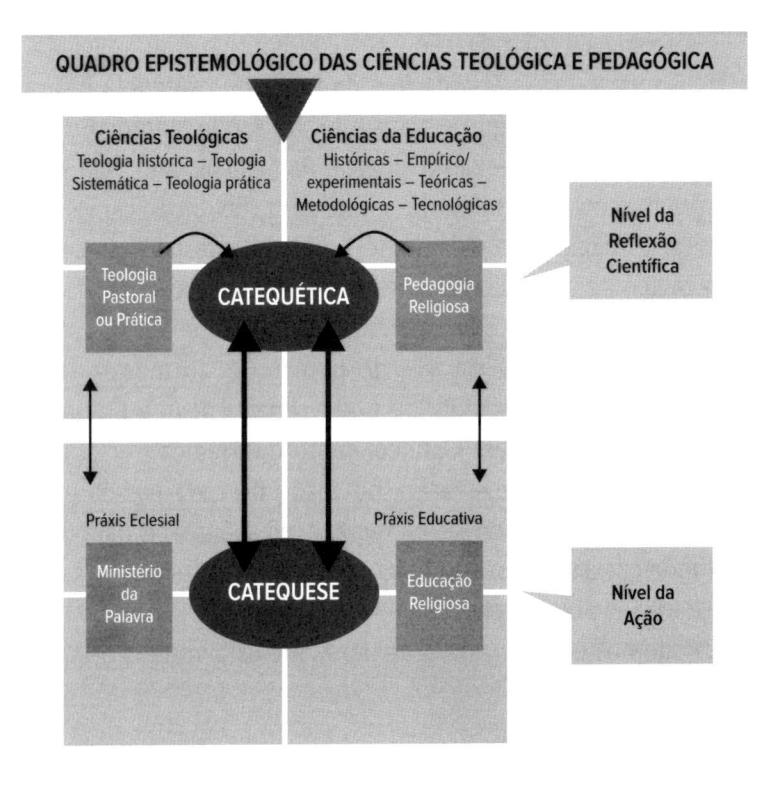

QUADRO EPISTEMOLÓGICO DAS CIÊNCIAS TEOLÓGICA E PEDAGÓGICA

Ciências Teológicas
Teologia histórica – Teologia Sistemática – Teologia prática

Ciências da Educação
Históricas – Empírico/experimentais – Teóricas – Metodológicas – Tecnológicas

Teologia Pastoral ou Prática → **CATEQUÉTICA** ← Pedagogia Religiosa

Nível da Reflexão Científica

Práxis Eclesial — Práxis Educativa

Ministério da Palavra — **CATEQUESE** — Educação Religiosa

Nível da Ação

Catequeta: *é o especialista ou estudioso de catequese, professor de catequética, ou então aquele que possui mestrado ou doutorado em catequética.* Ele se ocupa em refletir, com paixão e inteligência, sobre os problemas da catequese. Ainda que não seja um "agente direto e imediato" desta, seu trabalho é indispensável para a realização concreta e operativa de uma catequese verdadeira e significativa. O catequeta, como estudioso da catequese, deverá atender a dois polos de reflexão: por um lado, Deus que vem ao encontro do ser humano, a história e a realização da fé; e, por outro, o sujeito humano, que é convidado a escolher a Deus e a crer nele. Assim, a teologia e as ciências humanas constituem o campo de trabalho da ciência catequética.

A teologia é investigação e reflexão sobre o dado revelado, o Deus cristão, a história da fé e da Igreja. O catequeta levará em conta que a catequese transmite, de modo sintético e seguro, os dados da reflexão teológica. As ciências humanas que propiciam o conhecimento do homem em sua dimensão social, cultural e religiosa, devidamente acompanhada pelo processo pedagógico de transmissão e de conhecimento da fé, são ferramentas imprescindíveis na transmissão e educação da fé. Estará atento ao permanente da fé e do humano e, ao mesmo tempo, não poderá se descuidar do que é sempre novo e flutuante nas situações humanas. Conhecimento da Tradição Eclesial e sintonia com ela, e abertura à novidade de cada pessoa e de cada momento histórico são elementos indispensáveis para uma profunda e frutuosa contribuição do catequeta a serviço da catequese e da evangelização.

Podemos colocar essa reflexão a que está voltada a teologia em:

- **primeiro nível** – *profissional*, subdividido em: a) Institucional; b) Científico; c) Sapiencial;
- **segundo nível** – *vocacional*, ou seja, abrange aqueles que, embora não possuam estudos acadêmicos, escrevem e refletem sobre a catequese;
- **terceiro nível** – *agentes de pastoral*, que procuram responder aos desafios da evangelização e da catequese nas dioceses e paróquias da Igreja;
- **quarto nível** – *os chamados "catequetas"*, ou seja, pessoas (consagradas ou leigas) que pesquisam, refletem e escrevem sobre a catequese, de forma livre e autônoma.

Valem para os catequetas estas palavras de Romano Guardini: "Jamais experimentei o dogma como uma limitação, senão como sistema de coordenadas para minha consciência. (...)

Assim, eu sempre procurei a liberdade, atitude que comporta frequentemente solidão, incerteza e luta. No entanto, fazendo isto, estava seguro de agir não sob o meu arbítrio pessoal, senão partindo de uma grande unidade com a Igreja".[18 e 19]

1.9. Catequese – breve história e definição

Breve história: Sobre a Idade Antiga, remeto-me ao que foi apresentado na história do catecumenato. Esse período sempre foi considerado como a "Idade de Ouro" do catecumenato.

Idade Média: Acontece nessa época a paulatina decadência do Império Romano e a invasão dos povos "bárbaros" (denominação dada aos que pertenciam a outra raça ou civilização, ou falassem outra língua que não a romana). No início, a evangelização desses povos não preocupou muito a Igreja. Entretanto, aos poucos, percebendo que essa invasão não tinha retorno e que sua influência cultural era notória, decidiu-se por encarar formas de evangelizar esses povos, mesmo que, de início, os recursos empregados não fossem bem aprofundados. No fim do século V, converteu-se ao cristianismo Clóvis, rei dos francos, fato de crucial importância para a história da evangelização, pois, segundo o costume, bastava a iniciativa do príncipe ou rei para que toda a tribo ou clã se "convertesse" e se "batizasse". A Igreja cresceu em número, porém, seus membros careciam daquele neces-

---

[18] Romano GUARDINI. *Appunti per un'autobiografia*. Brescia: Morcelliana, 1986, p. 155.
[19] Emilio ALBERICH. *Catequese evangelizadora: manual de catequética fundamental*. São Paulo: Salesiana, 2004, pp. 23.25; _____. "Catequética". In: *Dicionário de Catequética*, pp. 189-193; Giuseppe RUTA. *Catechetica come scienza. Introduzione allo studio e rilievi epistemologici*. ITST/Elledici: Messina, 2010, p. 8; Ralfy Mendes de OLIVEIRA. *Vocabulário de Pastoral Catequética*. São Paulo: Loyola, 1992, pp. 34-35; Salvatore CURRÒ. *Perché la Parola riprenda suono. Considerazioni inatuali di Catechetica*. Elledici, Leumann, 2014; Pedro Jurío GOICOECHEA. "Agentes da catequese". In: *Dicionário de Catequética*. São Paulo: Paulus, 2004, p. 44; André FOSSION. *Entre théologie et catéchèse, la catéchétique*. Bélgica: *Lumen Vitae*, 1989, pp. 401-412.

sário amadurecimento que outrora outorgava o catecumenato. A catequese de iniciação, que preparava os que seriam batizados, passou a se realizar após o batismo, de forma muito rudimentar e superficial, sem nenhuma fundamentação bíblica e catequética. A partir do século VIII, abundaram textos de pregações, pois as homilias, embora de nível simplório e limitado (devido à ignorância e à falta de preparo dos presbíteros), eram, na prática, os únicos encontros catequéticos existentes. Aparecem os *Septenários*, método didático-catequético tradicional inspirado por Hugo de São Vitor (+1114), que consistia em organizar todas as pregações em sete pontos. Por exemplo: as sete petições do Pai-Nosso, os sete dons do Espírito Santo, os sete pecados capitais etc. Especial importância adquiriu o trabalho catequético de João Gerson (1363-1429), que dividiu seu tempo entre o trabalho intelectual universitário e a catequese de crianças. Escreveu *Opus tripartitum de praeceptis decalogi* (obra em três partes sobre as obrigações do Decálogo), *De confessione et de arte moriendi* (Sobre a confissão e a arte do bem morrer) e *De parvulis ad Christum trahendis* (Como atrair os pequenos a Cristo).

Os destinatários da pregação eram, naturalmente, os adultos. As crianças assistiam com seus pais às celebrações litúrgicas, mas apenas pais e padrinhos teriam a "obrigação" de educar os filhos na vida cristã. Alguns exemplos são o *Liber manualis* de Dhuoda (841-843) e *Doctrina pueril* de Ramon Llull (1273-1276).

A arte dos vitrais (conhecidos como a "*biblia pauperum*", ou "a Bíblia dos pobres") teve singular resultado para a rudimentar evangelização das massas, pois sua presença artística e imponente nas catedrais penetrava incisivamente na imaginação das pessoas. Assim também as imagens e as encenações que alimentavam as devoções populares, como a Via-Sacra, o Santo Rosário, as encenações da Paixão do Senhor e os presépios do Natal (feliz inspiração de São Francisco de Assis).

Tudo isso claramente ajudava a formar uma mentalidade cristã sob influxo do ambiente social. Respirava-se o cristianismo em todos os poros da sociedade: a vida familiar e social estava completamente marcada pelo religioso e, dessa forma, a "iniciação cristã" surgia a partir daquela que bem podia chamar-se de "iniciação social". As crianças bebiam da fé em seus lares e na vida social cristã, participando dos ritos, das festas dos santos, das devoções religiosas e das celebrações dominicais.

No findar do século XV, achamos uma situação generalizada de *analfabetismo e deplorável ignorância religiosa*: A ausência do elemento bíblico, o moralismo radical e o abandono do sentido pascal na liturgia marcaram notavelmente o rosto e a vida espiritual dos cristãos medievais.

No campo protestante, surgiu, com particular criatividade, a implantação dos catecismos. Partindo da genial iniciativa de Lutero e continuando com os outros reformadores, começou-se a dar "catecismo às crianças batizadas" para que aprendessem a ter o "devido temor a Deus e soubessem a tempo o acontecido com eles em presença da Igreja". Para os protestantes, o catecismo era um livro que continha uma série de perguntas e respostas a serviço do exame da fé. Lutero exigia dos pais um envolvimento direto e a dedicação semanal à transmissão do catecismo aos filhos. Ele se preocupava com o entendimento e a apreensão do catecismo, e não apenas com sua simples recitação. Escreveu, em 1529, dois catecismos: o *Pequeno Catecismo*, escrito em forma de perguntas e respostas; e o *Grande Catecismo Alemão*, que, como o próprio nome sugere, é mais extenso. Foi redigido em forma de comentários. Os dois catecismos se complementam. A respeito do catecismo, dizia Lutero: "... Por isso rogo a todos vós, pelo amor de Deus, meus queridos senhores e irmãos que sois pastores ou pregadores, que vos devoteis de coração ao vosso ofício, vos apiedeis do povo confiado a vós e nos ajudeis a inculcar o catecismo às pessoas, especialmente à juventude. (...) Mas aqueles que não querem aprender, diga-se-lhes como enganam a Cristo e que não são cristãos. Também não devem ser admitidos ao sacramento, não devem ser admitidos como padrinhos em batismo, nem fazer uso de qualquer parte da liberdade cristã..." [20]. Nessa feliz iniciativa, imitaram-no Calvino, na Suíça, com seu *Catecismo de Genebra* (1541); e Zacarias Ursino e Gaspar Oleviano, na Alemanha, obtendo muito sucesso com o *Catecismo de Heidelberg* (1563), que foi traduzido para diversas línguas a fim de conduzir à fé "dos reformados". Posteriormente, este último catecismo espalhou-se por muitas nações e continentes, sendo bem-aceito, inclusive, na Inglaterra, onde prevalecia a orientação calvinista.

Algumas definições atuais sobre catequese: O novo *Diretório Geral para a Catequese* define-a como "período no qual se estrutura a conversão a Jesus Cristo" (n. 63); função que "assenta os alicerces do edifício da fé" (n. 64); e "iniciação ordenada e sistemática na revelação" (n. 66). Em particular, a catequese de iniciação é descrita como "formação orgânica e sistemática da fé" (n. 67), que vai muito além do ensino tradicional.[21] Uma definição muito expressiva é a que segue:

> Catequese não é um livro nem um método, mas a arte de acompanhar pessoas diversas, por idades e ambientes de vida, para um encontro com Jesus Cristo, Filho de Deus, Salvador. É um gesto de amor que exprime a função maternal desenvolvida pela Igreja na atuação do itinerário catecumenal. A Igreja

---

[20] M. LUTERO. *Os Catecismos*, p. 364.
[21] É ilustrativo o desenvolvimento do tema em Ricardo Lázaro RECALDE. "Da Catechesi Tradendae ao Diretório Geral para a Catequese: a evolução do conceito de catequese no Pontificado de João Paulo II". In: *Revista de Catequese* 110 [abr./jun. 2005], pp. 27-38.

vai ao encontro dos homens e mulheres e anuncia-lhes Cristo Senhor, acolhe-os, acompanha-os no caminho, educa-os na fé e ajuda-os na conversão. Exercita o discernimento, segurando-os na oração, na penitência e na caridade, introduzindo-os no mistério de Cristo através do dom do Espírito Santo comunicado por meio dos sacramentos, para participar da vida de Cristo e da sua missão. (A. MARTELLI. "Modelli di catechesi della iniziazione Cristiana". In: *Revista Catechesi* 1 [janeiro/fevereiro 2003], p. 39.)

Outra definição bem estruturada pode ser:

A Catequese é uma particular forma de anúncio do Evangelho, sistemática e orgânica, que chega a ser um itinerário de crescimento e amadurecimento na fé, na esperança e na caridade, visando a mudar a vida cotidiana, profissional e familiar para atingir a plena comunhão com Jesus Cristo pela mediação da Igreja católica. (Andréa FONTANA. *La Catechesi oggi: alla ricerca de uma identitá perduta.* In: *Revista Catechesi* 1 [janeiro/fevereiro 2003], pp. 21-23).

E, por fim, outra mais simples: "toda forma de serviço eclesial da Palavra de Deus orientada para fazer amadurecer, na fé cristã, as pessoas e as comunidades" (Emilio ALBERICH. *Catequese evangelizadora. Manual de catequética fundamental*, p. 94).[22]

---

[22] Tradução do Pe. Luiz Alves de Lima. São Paulo: Salesiana, 2004. Cf. Ralfy Mendes de OLIVEIRA. *Vocabulário de Pastoral Catequética*. São Paulo: Loyola, 1992, pp. 33--34; DICIONÁRIO DE CATEQUÉTICA. *Catequese (A catequese na história da Igreja)* (Vicente M. P. Arés/Ricardo L. Recalde. pp. 134-138); *História da Catequese* (Angel Metesanz Rodrigo, pp. 564-573). São Paulo: Paulus, 2004; Guillermo Daniel MICHELETTI. "A figura do padrinho na Iniciação Cristã: história, atualidade e orientações sobre a figura do padrinho". In: *Revista de Catequese* 134 [abr./ jun. 2011], pp. 38-47.

1.10. Catequista

Não te considerarei no número dos cristãos, até quando não te tiver visto na Igreja de Cristo. (SANTO AGOSTINHO. *Confissões* VIII, 2,4).

São considerados *catequistas* os membros da comunidade que, pelo Batismo e pela Eucaristia, são chamados a anunciar a Palavra. No processo de IVC, eles exercem um papel importantíssimo e insubstituível. A experiência catequética moderna confirma, mais uma vez, que, em primeiro lugar, vêm os catequistas; depois, os catecismos.

O *catequista* é um mediador que ajuda os catequizandos e catecúmenos a acolherem, com todo o seu ser, a progressiva revelação do Deus Amor e de seu projeto salvífico; encaminha-os para que cada um realize seu encontro pessoal com o Pai, segundo uma proposta de vida em Jesus Cristo, o Filho de Deus, amado e ressuscitado na unidade do Espírito Santo.

Esse mediador recebe delegação da Igreja, isto é, do bispo e da comunidade; portanto, *age e fala em nome da Igreja*. É fundamental que ele vivencie seu ministério catequético como vocação e missão privilegiadas. Sobre o "ser catequista", o Papa Francisco expõe que:

> Ser catequista! É vocação. Não é um trabalho do qual se espera algo em troca: isso não precisa! Eu trabalho como catequista porque eu amo ensinar... Mas, se você não é catequista, não é! Você não pode ser frutífero! Catequista é uma vocação; pois envolve a vida. (...) Ser catequista é dar testemunho da fé, ser coerente na sua vida. E isso não é fácil. Não é fácil! Nós ajudamos, nós dirigimos ao encontro com Cristo em suas palavras e vida, com o testemunho. Sejamos catequistas para amar. O amor mais forte e mais difícil de

Cristo, o amor de seu povo santo. E esse amor não pode ser comprado em lojas. Esse amor vem de Cristo! É um dom de Cristo! (Palestra no *Congresso Internacional de Catequese* – Roma, 27/09/2013).

Trata-se de um dom, uma vocação que vem de Deus, mas que precisa ser bem acolhida e cultivada com a ajuda de todos os meios que subsidiem o seu crescimento na fé, na esperança e no amor, amadurecendo-a competentemente em conteúdos, pedagogia e, especialmente, em espiritualidade. Sua formação precisa, também, ser estruturada a partir de um processo de inspiração catecumenal.

Formação de Catequistas para a IVC: é este um dos temas mais desafiadores para uma renovada visão catequética na linha da IVC.

É interessante perceber que o termo *formação*, etimologicamente, tem a ver com a raiz hebraica *yatsar* = formar, modelar, projetar, planejar, organizar, configurar. Na Escritura, é sinônimo de *bará* = criar, e *asá* = fazer; catequeticamente falando, é *dar forma ao existente*, formar projetando um novo interlocutor, ouvinte e servidor do conteúdo apreendido, tendo como ponto de referência Jesus Cristo, Mestre e Senhor.[23]

Devemos, nisto, fazer acontecer o entusiasmado impulso das primeiras comunidades. Elas, à medida que progrediam no seguimento do Senhor, iam contagiando novos membros e ganhando de Deus a confirmação na missão evangelizadora, acolhendo-os e confiando às pessoas mais preparadas da comunidade (catequistas) a missão de introduzi-los no mistério da vida cristã (cf. Atos dos Apóstolos 2,47).

---

[23] Cf. Jânison de Sá SANTOS. "Formação de catequistas para a iniciação à vida cristã". In: *3ª Semana Brasileira de Catequese*, p. 191.

O DNC dedica o sétimo capítulo ao ministério da catequese e seus protagonistas. Esse documento exige dos evangelizadores preparo, qualificação e atualização. Assim sendo, a *formação catequética de homens e mulheres é prioridade absoluta* (n. 252).

Para isso, o catequista deve fazer *pessoalmente* a experiência do discipulado de Jesus Cristo, experiência de encontro com o morto e ressuscitado para a nossa salvação (João 1,38; Marcos 1,14; Mateus 9,9). Deve ter uma formação que o ajude a anunciar com a vida e a comunicar com eficácia a Boa Notícia do Evangelho, favorecendo a implantação de uma nova mentalidade, a fim de superar uma catequese ainda voltada quase exclusivamente para uma preparação remota em vista dos sacramentos, sem introduzir os catequizandos a um processo iniciático. Daí a importância de perceber que, no futuro, será preciso projetar a catequese como um longo caminho de preparação, com diferentes etapas, comparando elementos essenciais: o anúncio da Palavra de Deus e a acolhida do Evangelho, que provoca entusiasmo e conversão; a profissão de fé, a efusão do Espírito Santo, o acesso à vida de comunidade e a participação frutuosa da comunhão eucarística. É preciso que o processo iniciático, conduzido pelos catequistas, penetre e transforme os processos de inteligência, de consciência, de liberdade e de ação; e a existência pessoal em dom de si, a exemplo de Jesus Cristo (cf. CIgC, 1229; DGC, 147).

Assim, é premente oferecer uma proposta de formação com um novo perfil. Devemos capacitar catequistas que desenvolvam itinerários adaptados à realidade, sistemáticos e orgânicos, com a finalidade de educar à maturidade da fé e à transmissão da mensagem cristã, de modo gradual, focalizado sempre no essencial, favorecendo a dinâmica do encontro e do discipulado em Jesus Cristo.

Vejamos alguns aspectos significativos de uma futura formação de catequistas "iniciadores à vida cristã". Sem dúvida que, de modo particular, cabe a eles o que Karl Rahner, teólogo conciliar, havia muitos anos profetizava para todos os cristãos: "O cristão do futuro ou será místico ou já não será cristão".

a) **Catequista mistagogo**: tem a desafiadora tarefa de conduzir o catequizando ao mistério de Cristo e a penetrar na intimidade do seu coração. Assim, em ação dialógica, realizará tal condução de forma mistagógica. Jesus é o mistagogo por excelência; ele é a referência para o catequista. O catequisa mistagogo deve apresentar três características centrais: 1) a presença do Deus revelado entre nós, em Jesus Cristo, o pedagogo próximo às pessoas, que escuta atentamente a realidade pessoal e conhece de perto o contexto em que as pessoas estão inseridas; 2) a pedagogia com a qual conduz e acompanha o catequizando iniciante; e 3) a experiência mística que resgata o projeto do Pai e o revela, de forma clara e completa, a todos os homens e mulheres, como expressão do infinito amor e da misericórdia de Deus. Assim, levará o catequizando a uma plena realização de sua vida, mergulhada na paixão, morte e ressurreição de Jesus Cristo, Filho amado do Pai. Conforme o catequizando contempla Jesus de Nazaré, há de perceber n'Ele, de forma integrada, todas as dimensões de sua pessoa: a inabalável identidade com o projeto do Pai; o ressoar do querigma e a feliz notícia que brota do seu coração, pois Jesus é o Caminho, a Verdade e a Vida

b) **Catequista educador na fé**: o catequista, chamado por Deus, faz a experiência do encontro com Jesus, para ser, decididamente, seu discípulo. Testemunha a fé na vida comunitária e se deixa guiar pelo Espírito Santo. Ele será ciente de que inicia à vida cristã uma pessoa: o catequizando, a quem dá a possibilidade de uma aprendizagem gradual no conhecimento e no seguimento de Cristo e a quem ajudará a forjar sua identidade como cristão discípulo, com as convicções fundamentais, e o acompanhará para que busque fervorosamente o sentido cristão em sua vida (cf. DA, 291). Mesmo assim, e não pode ser de outro modo, o catequista terá consciência de *ter recebido esse ministério da Igreja/comunidade*, pois ele sabe que sua missão e tarefa são sempre obra da Igreja.

c) **Catequista iniciador à vida cristã**: o catequista iniciador à vida cristã será um catequista que deseja aprender continuamente, capaz de responder aos inúmeros desafios que a realidade lhe apresenta (DA, 12). Saberá comunicar a mensagem bíblica e trará para o hoje seus desafios na aplicação; ensinará a perceber Deus atuando em nossa história de vida pessoal e comunitária. Terá boas relações com os demais catequistas e com a comunidade. Será um fervoroso anunciador da Palavra, acentuando a centralidade do Mistério Pascal (cf. DA, 247).

d) **Catequista iniciador à vida litúrgica**: observando o ministério do catequista nas comunidades, pode parecer que ele não tem ligação alguma com as celebrações litúrgicas. No entanto, olhando para o processo da IVC desenvolvido nas primeiras comunidades e aplicado hoje, de acordo com o RICA, pode-se afirmar que o catequista tem muito a ver com a liturgia. Em primeiro lugar, o catequista deve preparar celebrações da Palavra de forma atraente e orante. Ele ensina a rezar se, de fato, reza com os catequizandos, especialmente nas celebrações da Eucaristia e com a Liturgia das Horas. Na verdade, todo o processo catequético da iniciação fica nas mãos dos catequistas. Estes rezam com os catequizandos, impondo-lhes as mãos. Toda a ação catequética da iniciação é uma grande ação litúrgica, tendo como ponto culminante a celebração dos sacramentos. O catequista não apenas desenvolve uma instrução/um ensinamento intelectual, mas, mais do que isso, ensina a ter experiência vivencial da vida de Jesus na vida do catequizando; com delicadeza, conduz à compreensão dos ritos, símbolos e orações das celebrações litúrgicas. Com tudo isso, pode-se afirmar que o ministério dos catequistas não pode, de maneira alguma, ser reduzido à mera doutrinação, mas sim voltado à verdadeira introdução à vida plena do cristão. E isso não pode acontecer se não levamos a sério, como antigamente, a dimensão litúrgica.

e) **Catequista motivador e introdutor na convivência comunitária**: o catequista deverá possuir lúcido conhecimento e entrosamento na vida de sua comunidade, pois ele terá a missão de promover e motivar a vida cristã e comunitária dos catequizandos. Deve enfatizar as dimensões da acolhida, da gratuidade e do serviço da comunidade cristã, características fundamentais à figura do catequista na perspectiva da IVC. Por isso, será importante que ele conheça todos os trabalhos litúrgicos e as atividades caridosas da comunidade, a fim de inserir os catequizandos progressivamente nessas áreas, com oportunos e planejados estágios (cf. DA, 291).

A formação que a Igreja propõe para o catequista deve ser integral, o que exige sua permanente atualização. Para isso, ele deve atender aos aspectos fundamentais de seu ser, do saber, do saber fazer e do saber conviver, privilegiando a abertura para a convivência fraterna e a ativa celebração da fé nas ações litúrgicas, contando sempre com o imprescindível aporte das ciências humanas: pedagogia, sociologia e psicologia.

O *ser* do catequista: deve-se ajudar o catequista para que, paulatinamente, atinja a sua maturidade como pessoa, como cristão e como discípulo. Elemento importante é a afetividade, tanto no autodomínio evangélico como na generosidade. Se há algo que é próprio de sua missão é aprender a amar o ser humano, que é capaz de acolher, isto é, dotado de uma singular e "ilimitada" amabilidade, como autêntica expressão da Boa Notícia. Não podem faltar frequentes "momentos de discernimento" que o ajudem a se descobrir como ser humano à procura da maturidade, para que ele seja o primeiro a se conscientizar do significado profundo dos mistérios da fé. É fundamental que o catequista cultive seriamente a dimensão mistagógica do ministério catequético, chegando a interpretar a experiência humana à luz da divina revelação, pois, para que a catequese seja efetiva, deve iluminar a pessoa, a começar por ele próprio.

O *saber* do catequista: o catequista deverá ser idôneo em conhecer os conteúdos essenciais que lhe possibilitem ser fiel à mensagem e à pessoa humana no contexto social e religioso. Fomentará uma aprendizagem eminentemente pastoral e sapiencial ligada à vida. Procurará obter conhecimentos básicos das ciências humanas, formação bíblico-teológica, cristológica, eclesiológica; e ainda beberá dos documentos de orientação catequética da Igreja, como também das exigências éticas e das dimensões sociais implicadas no Evangelho (cf. DGC, 238-239).

No *VII Colóquio Internacional de Catequetas*, ocorrido entre os dias 17 e 20 de fevereiro de 2015, foram propostos três polos de interesse a serem considerados na formação dos catequistas. O *primeiro polo* diz respeito à missão do catequista em uma sociedade com pluralidade de facetas; o *segundo polo*, à vitalidade do seu ministério – a "ministerialidade" –; e o *terceiro polo*, dentro do qual podemos considerar, no mínimo, seis temas: a) o que significa aprender a Bíblia? b) como se faz uma experiência espiritual? c) o que significa aprender a orar, especialmente na liturgia da Igreja? d) como educar a "fazer o bem"? e) como aprender a celebrar os mistérios da fé por meio dos ritos e orações da Igreja? f) o que significa aprender e assumir o Credo?[24]

O *saber fazer* do catequista: a catequese, como ato de comunicação, requer do catequista o conhecimento da linguagem, da pedagogia e de outros meios que lhe permitam comunicar a mensagem cristã. Essa dimensão implica uma exigência particular em sua formação que lhe ajude a superar a improvisação ou a simples boa vontade. Esse campo pertence à pedagogia de Jesus, recolhida sabiamente na liturgia por meio dos sinais, dos símbolos, dos gestos, das palavras, dos ritos e das narrações. Além disso, a educação da fé passa pela

---

[24] Cf. VII Coloquio Internacional del ISPC de Paris. "Los catequistas en la misión de la Iglesia". In: *SINITE* 170 [set./dez. 2015], pp. 587-593.

comunicação, pela misericórdia e pela ternura. Jesus mostrou uma relação afetiva, acolhedora e misericordiosa que permitia às pessoas se aproximarem confiantes. As habilidades na comunicação, na pedagogia e na metodologia requerem acompanhamento e atualização continuados.

O *saber conviver* do catequista: a formação iniciática do catequista deve promover a sua efetiva inserção na comunidade eclesial, como membro dela, por ser discípulo de Jesus. Na comunidade, pode fazer experiência e dar testemunho do mandamento novo. É urgido a viver segundo o estilo de vida do Mestre. Característica própria será o cultivo das relações humanas, a capacidade de convivência e da experiência comunitária, em que a fraternidade, a iluminação da Palavra e os conteúdos essenciais da fé sejam acompanhados da partilha fraterna e de uma profunda espiritualidade litúrgica para celebrar a vida com todos, crescendo na oração, especial e principalmente a eucarística, dando, assim, forte estrutura ética de todo o seu ser cristão. Esses elementos lhe permitirão, enfim, conformar uma unidade pessoal que manifeste a autêntica imagem do catequista iniciado.

Dentro dessas dimensões da formação dos catequistas, podem ser consideradas, de forma sintética, *cinco competências fundamentais*:

a) **Competência bíblico-teológica**: capacidade de falar sobre a fé de forma correta e coerente, de maneira dinâmica e significativa, com clareza e simplicidade, sem cair na superficialidade. O catequista deve estar apto a ler as Escrituras de forma correta, a compreender o dinamismo da História da Salvação, a compreender e saber explicar as afirmações fundamentais do Credo; deve estar inserido nos acontecimentos da vida diária, interessar-se pelos problemas de seus catequizandos, como Jesus com os discípulos de Emaús, quando, caminhando com eles, lhes falava pelo caminho

(Lucas 24,32); ou como Filipe ao eunuco, interrogando-o sobre o sentido da Escritura (Atos 8,34-35).
b) **Competência pedagógica:** o catequista é um pedagogo. Sua arte consiste em introduzir na fé, por meio do processo pedagógico utilizado pelo Mestre (metodologia do acompanhamento); em ser mestre inspirador de como viver; ser animador que provoca a partir da Palavra; às vezes, ser um facilitador do aprendizado, por meio do uso correto dos documentos da fé; por vezes, ser testemunha e mediador que faz descobrir a vida eclesial; ser idôneo e estar disposto a propor experiências de oração bíblicas e eucarísticas, de ensinamento, de fraternidade, de compromisso; ser o companheiro sempre presente, para acompanhar os catequizandos e marcar neles convicções profundas na vida pessoal e, também, ajudá-los a construir identidade comunitária da fé. Estaremos, assim, falando de uma pedagogia iniciática.
c) **Competência comunicativa:** capacidade de conhecer a fundo a mensagem que deve comunicar e a forma de fazê-lo amigavelmente, expressando-a com uma linguagem que toque e apaixone o coração dos catequizandos; de ser aberto e capaz de comunicar o mistério do transcendente e a riqueza mistagógica dos sacramentos; conduzir os catequizandos ao prazer de se mergulharem no mistério da liturgia da Igreja, cultivando, para isso, a arte do silêncio contemplativo e da frutuosa escuta da Palavra.
d) **Competência espiritual:** capacidade para orientar a atividade catequética com espírito evangélico. Isso pressupõe que os catequistas não vivam apenas a espiritualidade comum dos cristãos, mas que cultivem atitudes espirituais específicas próprias da tarefa catequética: a escuta do outro, o respeito pela liberdade, a confiança na pessoa, a paciência e o espírito de serviço e de ajuda recíproca, unidos a uma profunda espiritualidade litúrgica, pois "a Igreja de amanhã ou será litúrgica ou não será plenamente ela mesma" (Goffredo BOSELLI. *O sentido espiritual da Liturgia*, p. 203.).
e) **Competência para o acompanhamento:** essa competência está relacionada ao exercício da contemplação, do comover-se e do deter-se diante do outro quantas vezes forem necessárias; de

olhar o outro como próximo. A experiência de acompanhamento implica, antes de mais nada, docilidade ao Espírito Santo. Isso aperfeiçoará a capacidade de compreender e a arte de esperar, como da arte de escutar, que ajudaria a achar o gesto e a palavra oportuna em um acompanhamento genuíno que faça com que, no catequizando, cresça o desejo de procurar com sede espiritual o ideal cristão. Para isso, é preciso que, na formação, ademais da aprendizagem e da elaboração de itinerários catecumenais, capacitem-se também os catequistas, a fim de que acompanhem os processos educativos nas distintas situações da vida.[25]

---

[25] Cf. CNBB. *Iniciação da Vida Cristã* (Glossário: *Catequista*), pp. 94-95. Especialmente, os nn. 3.64.141.142.144-146. CNBB. *Diretório Nacional de Catequese*, 252-294, e Índice Temático do DNC: *Catequista*, p. 200; Guillermo D. MICHELETTI. "Proposta de formação para Catequistas-Animadores de uma catequese com inspiração catecumenal". In: *Revista de Catequese* 141 [jan./jun. 2013], pp. 91-97; Ricardo Lázaro RECALDE/Vicente Pedrosa ARÉS. "O Catequista". In: *Dicionário de Catequética*. São Paulo: Paulus, 2004, pp. 193-199; Álvaro GINEL. "Catequistas nuevos: perfil, espiritualidad, competências". In: *SINITE* 156 [jan./abr. 2011], pp. 43-76; Jânison de Sá SANTOS. "Formação de catequistas para a Iniciação à Vida Cristã". In: CNBB. *3ª Semana Brasileira de Catequese*. Brasília: Edições CNBB, 2010, pp. 189-217; CNBB. *A alegria de iniciar Discípulos Missionários na mudança de época*. Brasília: Edições CNBB, 2016; REDE CELEBRA. *Liturgia na catequese: coletânea de textos*. Duque de Caxias/RH, out. 2015; cf. Enzo BIEMMI. *La formación de los catequistas en un contexto de nueva evangelización*. Madrid, 2011.

PARTE II

CONCEITOS FUNDAMENTAIS NA CATEQUESE DE INICIAÇÃO À VIDA CRISTÃ

Não ouse embrenhar-se pelos caminhos da Iniciação Cristã quem não possui a fantasia da fé, da esperança e da caridade; não se embrenhe por este caminho, pois vai ficar desanimado e desiludido (cf. Cessare BISSOLI. *La prassi ordinária dell'Iniziazione Cristiana dei fanciulli: prospettive pedagogiche e pastorali*).

2.1. Comissão de coordenação diocesana e paroquial da IVC

Organizar o ministério da coordenação na catequese supõe geração de vida e criação de relações fraternas. Exige a promoção e o crescimento da pessoa e pede abertura de espaço para o diálogo, a partilha, a ajuda aos que necessitam de presença, de incentivo e de compreensão. Esse ministério, certamente, alimenta-se na fonte da espiritualidade que decorre do seguimento de Jesus Cristo.

A catequese, como toda missão evangelizadora da Igreja, não pode ser considerada uma empresa que visa à produtividade, ao lucro e à eficiência. Catequese é trabalhar, como Jesus, a serviço da comunicação da vida. A palavra-chave é "articulação". A coordenação não deve acumular funções, mas, estrategicamente, deve dividir e confiar tarefas a todos com caridade fraterna.

A organização da catequese no Brasil se articula em vários níveis: paroquial, diocesano, regional, nacional e internacional. Vejamos alguns aspectos organizativos no que diz respeito aos níveis paroquial e diocesano.

Âmbito paroquial: A comunidade paroquial se preocupa, certamente, com o crescimento da fé de seus membros, que não é responsabilidade apenas dos catequistas.

Como se pode constituir essa comissão? Será constituída pelo pároco (ou o padre responsável pela catequese); pelo diácono (se houver), que convocará os coordenadores de todas as modalidades da catequese paroquial; pelos coordenadores da pastoral familiar e litúrgica; e, se houver, por algum seminarista e/ou religioso(a).

Assim sendo, cabe prioritariamente ao pároco a responsabilidade de articular essa comissão, que lhe prestará todo apoio para despertar e promover a vocação do catequista; motivar o seu crescimento na fé; promover sua formação permanente; criar meios para atingir os que estão distantes; oferecer uma catequese de qualidade aos adultos que se preparam para os sacramentos e ajudar os catequistas a assumirem a catequese como um ministério e um serviço em nome da comunidade.

Essa comissão coordenadora da catequese terá como tarefas fundamentais: integrar essa equipe ao conselho de pastoral paroquial; articular as funções de todas as modalidades catequéticas; estar em sintonia com a programação paroquial; assumir as propostas de catequese em âmbito diocesano; promover reuniões periódicas para programar, avaliar e dar nova condução aos trabalhos da catequese paroquial; assegurar a formação adequada e permanente dos catequistas; promover o aprofundamento dos itinerários catequéticos da IVC com inspiração catecumenal; atingir particularmente o núcleo familiar dos catequizandos.

O pároco e a comissão da catequese têm um papel preponderante na organização e na animação da catequese de várias idades, dado que esta não é coisa unicamente de criança: envolve as famílias, as atividades da paróquia e os catequizandos de todas as idades. Esse quadro unitário da IVC compreende: a) planejamento das atividades em todos os níveis; b) capacitação integrada dos agentes, mesmo que cada idade exija uma metodologia específica; e c) certa familiaridade com a gradualidade dos tempos, etapas e celebrações de passagem da IVC.

Âmbito diocesano: colocamos de modo sucinto o que *Diretório Nacional de Catequese* trata mais amplamente sobre o tema nos nn. 327-328.[1]

A organização da catequese em âmbito diocesano tem como ponto de referência o bispo diocesano e a sua equipe de coordenação. Essa equipe assume tarefas fundamentais, como:

a) buscar uma visão clara da realidade catequética diocesana;
b) perceber os desafios, as ameaças e as oportunidades com relação à prática da catequese;
c) elaborar um planejamento com objetivos claros e concretos, integrado com a pastoral da diocese;
d) estabelecer os itinerários e modalidades catequéticas, segundo a pedagogia catecumenal;
e) elaborar instrumentos adequados para a educação da fé;
f) promover uma aprimorada formação dos catequistas, sobretudo das coordenações e lideranças paroquiais;

---

[1] Cf. Antonio Francisco LELO. "Paróquia: casa da Iniciação à Vida Cristã". In: *Revista de Catequese* 145 [jan./jun. 2015], pp. 60-71; CNBB. *Iniciação à Vida Cristã: um processo de inspiração catecumenal.* Brasília: Edições CNBB, p. 77, nn. 146-148; _____. *Diretório Nacional de Catequese.* Brasília: Edições CNBB, pp. 179-188, nn. 318-330; _____. *Itinerário Catequético: Iniciação à Vida Cristã – Um processo de inspiração catecumenal.* Brasília: Edições CNBB, 2014, pp. 57-58; CELAM. *Manual de Catequética.* São Paulo: Paulus, 2007, pp. 254-258; CONGREGAÇÃO PARA O CLERO. *Diretório Geral para a Catequese.* São Paulo: Loyola/Paulinas, 1998, pp. 265-274.

g) criar e organizar escolas diocesanas de catequese com programas e conteúdos adequados à realidade;
h) integrar a catequese com a liturgia, os ministérios, as pastorais etc.;
i) ler, estudar e aprofundar documentos elaborados em nível nacional, latino-americano e da Sé Apostólica;
j) participar responsavelmente das reuniões efetivas em nível regional.

2.2. Iniciação

É lamentável que, por séculos, a Igreja, na ilusão de que o mundo todo já fora evangelizado e que a sociedade fosse cristã, tenha descurado a Iniciação! (Antônio J. de ALMEIDA).

É de se esperar que, através desta nova mentalidade e metodologia (iniciática), consigamos superar a atual situação inaceitável de uma práxis de iniciação que, de fato, se converteu em processo de conclusão. (...) da tradicional catequese "infantil e infantilizante" deve-se passar decididamente à catequese de adultos e "adulta" (Emilio ALBERICH).

O verbo latino *initiare* deriva do substantivo *initium* (princípio), cuja raiz deriva dos sufixos latinos *in* + *eo* (in + ire) = entrar, ir bem para dentro, conduzir para, introduzir. *In-iter* significa ingressar, encaminhar-se. Assim, iniciação é o processo que coloca alguém na condição de "entrar em um novo estado de vida", ou "aproximar-se a um novo jeito de ser"; "mudança de vida e de comportamento"; "incorporação/inserção em um novo grupo". No plural latino, *initia*, foi empregado nas culturas pagãs no processo de "introduzir" nos mistérios próprios dos cultos greco-romanos.

Na antropologia religiosa, propõem-se *três categorias* de iniciação: a primeira trata dos ritos da puberdade, própria do estado da adolescência, obrigatórios para que o jovem seja admitido em uma sociedade ou grupo particular; a segunda contempla os ritos de admissão a um grupo específico (sociedade esotérica, teosófica etc.); e a terceira é direcionada para uma vocação mística, caracterizada pela experiência pessoal e religiosa.

No âmbito religioso, a iniciação cristã, que inclui o querigma, é o modo prático de pôr uma pessoa interessada em contato com Jesus Cristo e iniciá-la no discipulado, dando-lhe, também, a oportunidade de fortalecer a unidade entre os três sacramentos da iniciação e se aprofundar no seu rico sentido.

A iniciação cristã, propriamente dita, refere-se aos primeiros passos nos mistérios da fé, seja na forma do catecumenato batismal para os não batizados (*catecúmenos*), seja na forma do catecumenato pós-batismal para os já batizados, mas não suficientemente catequizados (*catequizandos*). Esse catecumenato está intimamente unido aos sacramentos da iniciação – Batismo, Confirmação e Eucaristia –, celebrados solenemente na Vigília Pascal. É preciso distingui-lo, certamente, dos outros processos catequéticos e formativos que podem ter a iniciação cristã como base e inspiração (cf. DA, 288).

Na iniciação cristã, desde o momento em que o catecúmeno/catequizando "inicia" seu caminho de fé, para experimentar a "primeira e fundamental forma da transmissão", constitui-se o clima espiritual no qual crescerá "respirando" um ambiente que visa à vida cristã; um "olhar sobre toda a vida", para descobrir uma nova "forma de existência em Cristo". De fato, trata-se de um conjunto de ritos e ensinamentos bíblico-morais que têm por finalidade a modificação radical da condição religiosa e social do sujeito iniciado em cada passo progressivamente assumido. O neófito (aspirante) desfruta de uma existência diferente da que tinha antes de ser iniciado. Veio a ser outro.

O conceito cristão de iniciação nos leva a pensar: somos iniciados em quê? A iniciação cristã supõe um processo de experiência "integral" nos mistérios da fé, o que abrange "penetrar" mistagogicamente nas dimensões fundamentais da vida cristã: conhecimento de Jesus Cristo, vida evangélica, oração e celebração da fé, e compromisso missionário. A mensagem cristã, que é apresentada como *mistério*, leva naturalmente à realidade da iniciação, isto é, o mistério é um segredo, algo fascinante, sublime, deslumbrante, encantador. Para que as pessoas tenham acesso aos divinos mistérios (da fé cristã), é preciso que sejam *iniciadas* nessa realidade maravilhosa por meio de experiências que as marcarão profundamente.[2]

Iniciação à vida cristã: pode ser entendida como o percurso dinâmico que uma pessoa empreende rumo à maturidade humana, inserida em uma comunidade eclesial, com a vontade de servi-la. A iniciação faz com que a espiritualidade ou mística do processo catequético tenha, como sua peculiar fisionomia, a edificação da Igreja por meio do testemunho comunitário e social, inspirado no estilo de vida de Jesus (LG, 33-36). Em uma tentativa de definição, é o processo de formação e crescimento, suficientemente amplo no tempo e adequadamente articulado, constituído de elementos catequéticos, litúrgicos e comportamentais, indispensáveis para que uma pessoa possa participar, com livre escolha e ponderada maturidade, da fé e da vida cristãs.

Em outras palavras, pode-se afirmar que se trata do processo pelo qual os catequizandos que receberam o primeiro anúncio do Evangelho são introduzidos no/conduzidos ao mistério da salvação realizado em Cristo. Desse modo, esses sujeitos assumem uma experiência de vida cristã, apoiada no ensinamento sistematizado dos conteúdos da fé para produzir mudança de vida (conversão), crescimento na vivência comunitária,

---

[2] Cf. CNBB. *Iniciação à Vida Cristã: um processo de inspiração catecumenal*, nn. 40-42, pp. 33-34.

constância na oração, consciente e criativa participação nas celebrações dos mistérios da fé e, enfim, engajamento missionário. Esse longo processo de iniciação, chamado *catecumenato*, conclui-se com a imersão nos mistérios pascais, por meio dos três grandes sacramentos da iniciação: Batismo, Confirmação e Eucaristia. Hoje, a catequese para os que já são batizados assume as características da iniciação cristã.

Como dizem os bispos italianos,

> É um processo suficientemente longo no tempo para despertar a fé no catequizando, aprofundá-la com um inserimento [sic] na vida cristã de modo integral, e no fim, através da iniciação sacramental, conduzir o novo cristão à participação no mistério da morte e ressurreição de Cristo e ao inserimento [sic] pleno na Igreja.[3]

O processo de IVC, corretamente entendido, não pode se estender ao longo de toda a existência do catequizando nem deve ser confundido com todo o processo de crescimento e amadurecimento da vida dele. A IVC implica assumir um itinerário de fé pelo qual chegamos a aderir, com coerência, ao discipulado de Jesus, ou seja, levar em conta o processo global por meio do qual se chega a ser cristão. Atinge, portanto, só o processo de formação cristã, integrado pelos sacramentos da Iniciação – Batismo, Crisma e Eucaristia –, necessários e indispensáveis para que se possa participar conscientemente da vida cristã. Isso exige uma suficiente evangelização, a escolha pessoal do seguimento de Jesus Cristo, a capacidade de participar das principais expressões da

---

[3] Cf. CNBB. *Diretório Nacional de Catequese*, p. 194 (*Glossário*); Ubaldo MONTISCI. L'Adulto nella fede: traguardo dell'Iniziazione Cristiana?/ 1. In: *Revista Catechese 2* [nov./dez. 2013/2014], pp. 68-69; CEI. *L'Iniziazione Cristiana. 1. Orientamenti per Il catecumenato degli adulti* (1997), n. 27.

vida cristã, especialmente na vida de comunidade, e a paulatina inserção à mistagogia dos sacramentos.[4]

Por sua ordem sequencial (etapas sucessivas) e pela repetição de alguns gestos (imposição das mãos, bênçãos, unções etc.), a IVC manifesta o tempo e a repetição necessários para se assimilar o mistério inesgotável da fé. A sucessão dos ritos que, no catecumenato, são realizados ao longo do tempo litúrgico, almeja, por sua vez, evitar que os catecúmenos pensem que "são importantes", no sentido de se colocarem "acima" de toda a comunidade que os acolhe. Estando em uma época em que a fidelidade e a perseverança são questionadas, a IVC oferece, como proposta educativa, a capacidade de o catecúmeno superar os obstáculos que possam impedi-lo de seguir a Jesus, manifestado na força da ritualidade, como ação transformadora do Espírito Santo.[5]

O processo de iniciação engloba *quatro elementos constitutivos* que dialogam entre si:

1) **o mistério**: algo que deve ser conhecido, uma realidade de caráter transcendente à qual se adentra e da qual se faz participante;
2) **a mediação**: o meio de comunicação, um conjunto de símbolos que são a ponte entre o mistério e os que serão iniciados;
3) **os iniciados no mistério**: um grupo com agentes de iniciação que orientam o processo;
4) **o iniciante**: alguém que não está iniciado e que se abre a essa fascinante experiência.

---

[4] Cf. Joseph GEVAERT. *Per un approccio corretto al tema "Diventare cristiani oggi"*, p. 12; Luís Felipe Carneiro MARQUES; Marcos Vieira das NEVES. "A experiência da misericórdia nos sacramentos de Iniciação à Vida Cristã". In: *Revista de Cultura Teológica*, n. 88 [jul./dez. 2016], pp. 402-424.

[5] Cf. Roland LACROIX. "De la pastoral catecumenal a una teología de la iniciación cristiana: modelo catecumenal y acción mistagógica". In: *SINITE* 166-167 [maio/dez. 2014], pp. 303-325, n. 317.

Esses elementos, aplicados à IVC, podem ser descritos desse modo sempre que se tenha em conta que, entre eles, existe uma relação dialógica permanente e processual, a saber:

1) o mistério é o Mistério Pascal, com todo seu conteúdo bíblico e vivencial;
2) a mediação será atuada na "ação conjunta" *dos ritos e celebrações* sacramentais;
3) os iniciados são representados pela comunidade eclesial e pelo mistagogo/catequista;
4) o iniciante é, sem dúvida, o catequizando *iniciante*.

Insistimos mais uma vez: *o princípio, o meio e o fim da IVC* são, simplesmente, a participação no Mistério Pascal de Cristo. Esse é seu eixo e único motor. Tal Mistério é uma pessoa. Isso nos leva a frisar alguns aspectos essenciais do processo iniciático:

a) **A dimensão sacramental da iniciação** é seu fundamento e, ao mesmo tempo, seu cumprimento, considerando-se de forma unitária o Batismo, a Crisma e a Eucaristia. As ações da Igreja/comunidade levarão o catequizando a ser cristão não por conta de sua escolha, mas pelo dom da graça divina. Como se percebe, o problema maior não é preparar para os sacramentos, mas direcionar o catequizando, para que possa penetrar na dimensão salvífica e mistagógica deles (Henri Bourgeois). Assim, o catequizando renascido pelo Batismo, robustecido pela Confirmação e nutrido com a comida eterna da Eucaristia passará a gostar definitivamente dos tesouros da vida que Cristo trouxe para nós.

b) **No itinerário iniciático, o candidato é "iniciado** *pelos* **sacramentos" e, também, "iniciado** *aos* **sacramentos".** O catequizando inaugura um sólido e consistente percurso de amadurecimento por meio de um processo pedagógico-catequético. A intenção é superar efetivamente a metodologia centrada tão somente na "administração dos sacramentos", hoje, insustentável.

Para preparar percursos válidos à IVC, devemos levar em conta a fé do catequizando, sem supor ingenuamente que ele já a possui – pressuposto equivocado que há séculos deturpa os verdadeiros itinerários de IVC na Igreja. Os sacramentos da Iniciação permitem ao catequizando mergulhar em um caminho integral que o conduz a um profundo amadurecimento pessoal da vida cristã assumida. É atual o ditado de Tertuliano segundo o qual "cristão não nasce; faz-se/constrói-se". Articular, de modo adequado, fé e sacramentos é um dos desafios mais agudos da pastoral catequética atual, tendo presente que o primado de Deus e a liberdade do homem se entrecruzam um no outro.

c) **Ser iniciado significa incorporar-se ao Mistério Pascal de Cristo** e *inserir-se na sua Igreja*. Como diz o apóstolo, "a casa tem como alicerce os apóstolos e os profetas e como pedra angular, o próprio Cristo Jesus" (cf. Efésios 2,20; Romanos 6,11). A procura de Cristo nos introduz na Igreja, Corpo místico de Cristo. O primado cristológico, muitas vezes referido pela Igreja, reafirma o sentido eclesiológico.

d) **A iniciação cristã significa** *entrar completa e integralmente no seguimento de Cristo*, **em uma escolha discipular**. A iniciação introduzirá integralmente toda pessoa em um processo de experiências por meio do anúncio e do testemunho; da liturgia e da mistagogia; da comunhão e da missão; da oração e do serviço. Nisto consiste o processo integral de iniciação à vida cristã: a sua harmonia e unidade. Todo esse itinerário envolve toda a pessoa do catequizando e o insere gradualmente na vida da comunidade.

e) **O itinerário iniciático tem como objetivo preeminente "a formação de uma pessoa como cristã".** Cristão é desejar "fazer-se" discípulo de Cristo (cf. Tertuliano), acolhendo esse chamado como dom gratuito da parte de Deus, concretizado comunitariamente pelas ações rituais da Igreja. A opção do candidato alarga seu coração à ação de Jesus Cristo, para aquele iniciar um caminho de conversão. Por meio dos ritos que acompanham o processo, o catequizando percebe que a dimensão celebrativa da vida não acontece "no final", como uma formatura, como um bonito presente; pelo contrário, os ritos constituem – por assim dizer – a coluna vertebral que estrutura todo o processo catequético. Assim, o catecumenato é o desenvolvimento "no tempo da graça batismal", sendo que os gestos que marcam os ritos moldam a ação catequética, a fim de definir essa ritualidade como "Etapas do Batismo" (cf. RICA, 2.4 e 5).

f) **O sacramento da Confirmação (Crisma) coloca-se no itinerário iniciático de modo adequado e necessário**, isto é, intimamente ligado ao Batismo, porque é justamente a fonte de sua essência: a prática original nunca separou a celebração dos dois sacramentos. De fato, é preciso apresentar, em um legítimo processo de IVC, o Batismo e a Confirmação em unidade inseparável, com vistas a se respeitar a mais genuína Tradição Eclesial. A Confirmação declara a ação do Espírito Santo como "dom forte" que revela, de modo particular, a força da graça batismal. Por isso, o dom da Confirmação não "acrescenta" ou "adiciona" algo à graça batismal, mas faz atuar no coração do confirmado, de modo *pleno e vigoroso*, *a força da graça batismal*, como uma melodia que, sendo executada, atinge, na Confirmação, *o ápice da execução*. Por isso, alguns teólogos, hoje, gostam de falar do "batismo-crisma" ou "batismo-confirmação" (RICA, 34).[6]

g) **Celebrar/participar do sacramento da Eucaristia, sendo que ele** *é o cume de todo o processo iniciático*. É claro que todo o processo iniciático cristão culmina na celebração pessoal e comunitária da Eucaristia, seu centro (RICA, 234). Pode-se dizer que, do ponto de vista sacramental, o processo de IVC atinge sua plenitude quando o catequizando celebra consciente, ativa e frutuosamente a Eucaristia (cf. SC, 14.48), pois o sacramento do Batismo e sua expressão de força na Confirmação não teriam outro sentido na vida do cristão iniciado senão para que este seja conduzido à participação da mesa eucarística. Percebe-se que o

---

[6] É importante o estudo sobre o tema que Francisco Taborda desenvolve em seu livro: *Nas fontes da vida cristã: uma teologia do batismo-crisma*. São Paulo: Loyola, 2001, pp. 21-24.

grandioso sacramento do Batismo é, como proclama a Tradição, "a porta de acesso" colocada pelo mesmo Jesus para que se possa entrar no "mistério da filialidade", isto é, para se entrar definitivamente em comunhão como Ele na sua Páscoa eucarística. Na catequese, deveríamos repensar a forma de falarmos sobre o momento de celebrar a "Primeira Eucaristia" das crianças. Bem melhor seria tratar esse momento como "festa da iniciação à vida eucarística" e, do mesmo modo, tratar mais aprofundadamente a questão da "missa dominical", inserida de modo essencial no itinerário do ano litúrgico, apresentado na sua lógica catecumenal e mistagógica, para nos introduzir, ao longo do ano e da vida, no Mistério Pascal de Cristo (cf. SC, 56.106).[7]

No âmbito eclesial, quando se fala em iniciação, podemos remeter esse conceito a quatro aspectos que se completam entre si:

1) **Passagem**: a IVC é resultado de uma passagem, de um interrogar-se que leva o ser humano a desejar ser conduzido por Deus. Essa passagem abre o coração do homem a um renascimento, como lembra Paulo (Romanos 6,3-4). Ser iniciado na vida cristã significa predispor-se a entrar no mistério de Cristo, até a sua morte, e renascer no Espírito para uma nova vida que se estrutura aos poucos.
2) **Empenho decisivo**: a IVC oferece uma opção de vida que envolve toda a existência. Ser iniciado no cristianismo significa expor a própria vida e entrar no Mistério, na esfera da existência de Deus. É caminhar nos passos de Jesus Cristo para assumir seu estilo de vida.
3) **Filiação**: Na iniciação, somos mergulhados no amor sem fim da Trindade (pensemos no Batismo). Entramos em comunhão amorosa com Deus, invocado como Pai, Filho e Espírito Santo.

---

[7] Guido BENZI/Tarcisio GIUNGI (org.). *Diventare cristiani. L'Iniziazione Cristiana tra problemi e ricerca di nuove vie*. Leumann: Elledici, 2004, pp. 21-27.

Pela iniciação, somos destinados a sermos "filhos no Filho" e a cultivarmos um inédito relacionamento de filialidade com Deus, abraçados por sua amorosa gratuidade, que nos convida a receber seus dons.

4) **Fraternidade**: a IVC nos faz filhos e, por força dessa filiação, entramos na dimensão da fraternidade, isto é, para criar uma nova família: a família de Jesus Cristo. Já no Batismo, percebe-se toda a dimensão eclesial/fraterna para os catecúmenos, dimensão que não vem de fora, é ação de Cristo: somos seu corpo eclesial. Nascer de Deus pela água e pelo Espírito implica sermos introduzidos no Cristo total – cabeça e membros.[8]

Algumas expressões de catequetas sobre a Iniciação

A experiência catequética dos últimos anos confirma que o sucesso de toda catequese está condicionado à atenção privilegiada para duas escolhas qualificadas: a) a centralidade da catequese com os adultos e da família e b) a formação dos catequistas (cf. Episcopado Italiano – CEI, *A renovação da catequese*).

A respeito do conceito de iniciação: é claro que não se trata de um curso, de uma simples transmissão de conhecimentos e dados, senão de um verdadeiro mergulho nos mistérios de Jesus Cristo, da Igreja, dos sacramentos, da vida cristã, enfim, por meio de um processo lento, continuado e acompanhado de perto pelos catequistas e da comunidade (Luiz Alves de LIMA. *La catequesis en América Latina*).

Recuperar a inspiração catecumenal como paradigma da iniciação cristã não significa repetir antigos moldes catequéticos, senão restituir à fé cristã seus elementos imprescindíveis: a dimensão propositiva, de escolha livre (de poder dizer "sim" ou "não"), de conversão e de progressiva conformação ao misté-

---

[8] Cf. DERROITTE. *Catechesi e Iniziazione Cristiana*, pp. 53-54.

rio de Cristo, e de testemunho de vida (Maurizio VIVIANI. *L'iniziazione cristiana in uno stile di primo annuncio*).[9]

2.3. Os quatro tempos e as três etapas

No catecumenato, designa-se com o termo "tempo" o período em que transcorrem as *quatro grandes partes do processo* de IVC: pré-catecumenato; catecumenato; purificação-iluminação; mistagogia, nesta ordem. Esses quatro tempos devem ser considerados *tempos de informação e amadurecimento*, preparados pelos "ritos de passagem" (Etapas). Devem ser ultrapassados seguindo a direção *de menor compromisso a maior empenho*, em um processo que integre a escuta da Palavra,

---

[9] Cf. CNBB. *Iniciação à Vida Cristã: um processo de inspiração catecumenal* (Estudos da CNBB 97). Brasília: Edições CNBB, 2009, 46, p. 35; CNBB. *Iniciação à Vida Cristã* (3ª Semana Brasileira de Catequese). Brasília: Edições CNBB, 2010; Henri DERROITTE (org.). *Catechesi e Iniziazione Cristiana*. Leumann: Elledici, 2006 (especialmente pp. 47-70); Antonio Francisco LELO. *A iniciação cristã: catecumenato, dinâmica sacramental e testemunho*. São Paulo: Paulinas, 2005, pp. 13-15; Walter RUSPI. "La problemática teológica e pastorale dell'Iniziazione Cristiana oggi". In: Guido BENZI/Tarcisio GIUNGI(org.). *Diventare Cristiani. L'iniziazione cristiana tra problemática e ricerca di nuove vie*. Leumann: Elledici, 2004, pp. 11-61; Felipe de Jesús León OJEDA. *A Iniciação Cristã* (À luz de Aparecida 2). Brasília: Edições CNBB, 2009; Jorge ALOI/Walter KUHRY. "Iniciación Cristiana tarea de la comunidad... La comunidad tarea de la Iniciación Cristiana". In: *Revista Didascalia* 634 (ago. 2004), pp. 27-28; VV.AA. *Nella lógica del catecumenato. Pratica dell'iniziazione cristiana con i ragazzi* (org. Enzo Biemmi). Bolonha: EDB, 2010; COMISSÃO EPISCOPAL PASTORAL PARA A ANIMAÇÃO BÍBLICO-CATEQUÉTICA DA CNBB. *Itinerário Catequético: Iniciação à Vida Cristã – Um processo de inspiração catecumenal*. Brasília: Edições CNBB, 2014; CNBB. *Liturgia em mutirão III: Iniciação Cristã (2) – A identidade e a originalidade da Iniciação Cristã*. Disponível em: <http://www.cnbb.org.br>. Acesso em: 16/12/2014; Maria Irene NESI. "Iniciación Cristiana de inspiración catecumenal". In: *Revista Didascália* 624 [ago. 2009]: Rosário, pp. 3-6; Orlando BRANDES. "Cartilha sobre a Iniciação Cristã". In: *Revista de Cateque-se* 126 [abr./jun. 2009], pp. 74-80; Joel Portella AMADO. "Catequese num mundo em transformação: desafios do contexto sociocultural, religioso e eclesial para a iniciação cristã". In: *3ª Semana Brasileira de Catequese*, pp. 45-56; Luiz Alves de LIMA. A Iniciação Cristã ontem e hoje: história e documentação atual sobe a Iniciação Cristã. In: *3ª Semana Brasileira de Catequese*, pp. 57-114.

a mudança crescente e consciente de costumes e a prática de boas obras (justiça e caridade). Tudo isso desenvolvido em uma dinâmica fundamentada na qualidade do progresso educativo. O ápice ocorre, habitualmente, por ocasião da celebração da solene Vigília Pascal.

Entre um tempo e outro há as "*Etapas*" ou grandes ritos de passagem. A palavra "etapa", aqui, tem um significado um pouco diferente daquele que aparece na linguagem comum. *As etapas são entendidas como "portas"*: algo que se abre, possibilitando avanço na caminhada. São momentos fortes, passos marcados por uma celebração específica, que assinala a situação do iniciado dentro do processo, na sua passagem para o tempo seguinte. O caminhar é como atravessar uma porta ou subir um degrau. São as *três grandes celebrações* que marcam a passagem de um tempo para o outro, dando o sentido de gradatividade ao processo catecumenal. A passagem de um tempo ao seguinte é emoldurada pela celebração de um rito característico de cada etapa. Com isso, cada rito assinala um ponto de chegada, isto é, o tempo que encerra com objetivos atingidos, e, desse modo, abre-se um ponto de partida ou um novo tempo, com suas prerrogativas. As três etapas representam "um novo avanço"; marcam, existencial e liturgicamente, o itinerário catecumenal. Tudo isso depende da maturidade do candidato e de sua adesão de fé às propostas oferecidas desde o contato com a Palavra, a liturgia e a catequese. Como se percebe no quadro a seguir, embora a celebração dos sacramentos seja um "sinal forte" na caminhada, *ela não é o fim do processo*, e sim a "porta" que se abre para a catequese mistagógica, que vai aprofundar a educação para a vivência do Mistério. Temos, assim:

- **Primeira Etapa** – Rito de admissão dos candidatos (entrada no catecumenato);

- **Segunda Etapa** – Preparação para os sacramentos da Iniciação (Batismo/Crisma e Eucaristia);
- **Terceira Etapa** – Celebração dos sacramentos da Iniciação, especialmente na Vigília Pascal.[10]

Quadro Geral da Iniciação Cristã, conforme a RICA
Catecumenato pré-batismal

Os tempos são os períodos bem determinados. As etapas são as grandes celebrações de passagem de um tempo para outro (cf. CNBB. "Iniciação à Vida Cristã". *Estudos da CNBB* 97. Brasília, 2009, p. 49. Versão ampliada pelo Pe. Luiz Alves de Lima, sdb).

1º TEMPO Pré--catecumenato ou Primeiro Anúncio (*querigma*)	1ª Etapa – Rito de Admissão dos Candidatos ao Catecumenato (entrada) – Pároco	2º TEMPO Catecumenato (*tempo mais longo de todos*)	2ª Etapa – Preparação para os Sacramentos (eleição) – Pároco	3º TEMPO Purificação e Iluminação (*quaresma*)	3ª Etapa – Celebração dos sacramentos de Iniciação (Vigília Pascal) – Pároco	4º TEMPO Mistagogia (*tempo pascal*)
Tempo de acolhimento na comunidade cristã: – *PRIMEIRA EVANGELIZAÇÃO.* – Inscrição e colóquio com o catequista. – RITOS → catequistas + equipes litúrgicas.		Tempo suficientemente longo para: – *CATEQUESE, REFLEXÃO, APROFUNDAMENTO.* – *Vivência cristã, conversão.* – *Entrosamento com a igreja.* – RITOS → catequistas + equipes litúrgicas.		Preparação próxima para Sacramentos: – Escrutínios, – Entrega do Símbolo e da *Oração do Senhor* – *CATEQUESE.* – *Práticas quaresmais (CF etc.).* – RITOS → catequistas + equipes litúrgicas.		– Aprofundamento e maior mergulho no ministério cristão, no ministério pascal, na vida nova. – Vivência na comunidade cristã.

[10] Cf. RICA, 6-7; CNBB. *Iniciação à Vida Cristã,* 72.75.153; DNC, 46; LELO. *A Iniciação Cristã,* pp. 36-38; María Irene NESI. "Es posible una catequesis en clave catecumenal siguiendo el modelo del Rica?". In: *SINITE* 170, pp. 445-460.

Conceitos Fundamentais na Catequese de Iniciação à Vida Cristã ■ 99

PERÍODOS ou TEMPOS	1º TEMPO: PRÉ--CATECUMENATO		2º TEMPO: CATECUMENATO		3º TEMPO: RETIRO QUARESMAL		4º TEMPO: MISTAGOGIA
DURAÇÃO	Não definida		Um ou vários anos		Quaresma		Tempo pascal
CONTEÚDOS	Anúncio evangélico (Primeiro Anúncio) Evangelização		Catequese integral, graduada		Retiro intensivo Preparação imediata aos sacramentos		Catequese sacramental e litúrgica
FINALIDADE	Despertar a fé e a conversão	1ª ETAPA: RECEPÇÃO OU ADMISSÃO NO CATECUMENATO	Aprofundar a fé e a conversão Aprendizado da vida cristã Mudança de vida	2ª ETAPA: ELEIÇÃO, INSCRIÇÃO DO NOME OU CHAMADA	Maturação das decisões	3ª ETAPA: CELEBRAÇÃO DOS SACRAMENTOS: VIGÍLIA PASCAL	Integrar-se na comunidade: experiência sacramental, comunitária e de compromisso
CELEBRAÇÕES	Encontros humanos informais		Celebrações da palavra Exorcismos menores Bênçãos		Três escrutínios: 3º, 4º e 5º dom. da Quaresma Entrega do símbolo e do pai-nosso Iluminação		Eucaristias comunitárias Aniversários do batismo
FUNÇÕES CATEGORIAS	Acolhida Pré--catecúmenos (simpatizantes, interessados, candidatos)		Iniciação Catecúmenos, ouvintes (candidatos)		Eleitos, competentes, iluminados (Decididos)		Contemplação Neófitos (Novos Cristãos)
RESPONSÁVEIS	INTRODUTOR--ACOM-PANHANTE		CATEQUISTAS E PADRINHOS MINISTROS E COMUNIDADE E PADRINHOS		CATEQUISTAS MINISTROS E COMUNIDADE		CATEQUISTAS E PADRINHOS MINISTROS E COMUNIDADE

A partir do quadro, observamos que:[11]

- No Tempo do *pré-catecumenato*, o candidato será entendido como um "simpatizante", em quem o Espírito Santo já interveio, movendo-o à conversão. É o tempo que exige do catequizando/ simpatizante que deseja se aproximar da fé pesquisa, procura e abertura à ação do Espírito Santo; e, da Igreja/comunidade, testemunho de caridade e diálogo fraterno, inserido no clima do processo do primeiro anúncio. Ao mesmo tempo, o Espírito interpela a Igreja (essencialmente missionária) a lhe apresentar

---
[11] Com base em: CNBB. *Itinerário Catequético: Iniciação à Vida Cristã*, pp. 48-49. Adaptado.

o *querigma*, tendo em conta as motivações, condições históricas (e psicológicas) para sua acolhida. É tempo de descobrir a pessoa de Jesus Cristo e n'Ele alicerçar o sentido da vida, manifestação de um chamado profundo à conversão.

- No Tempo do *catecumenato*, o simpatizante/catequizando começa com a celebração do ingresso no grau dos "catecúmenos", vivenciando progressivamente a prática de vida de discípulo de Jesus Cristo e interiorizando-se progressivamente no modo de pensar e agir cristãos, coerentemente com os valores do Evangelho. Fará a experiência de assumir a proposta cristã e, ao mesmo tempo, experimentará que a sua realidade pessoal e cultural está sendo acolhida, iluminada e purificada pelo Mistério Pascal de Cristo. Nesse tempo, ele experimentará a tensão entre o ser purificado (dimensão exclusiva) e o ser acolhido (dimensão inclusiva) no paradoxo cristão da morte-ressurreição. A catequese promoverá processos de personalização e aprofundamento da fé. Esta etapa culmina no dia da Eleição do nome e apresentação do(s) padrinhos(s).

- O Tempo da *iluminação/purificação*, normalmente, coincide com a preparação que o *eleito* realiza na Quaresma, tempo que precede imediatamente a recepção/celebração dos sacramentos da Iniciação. O eleito, dentro da Igreja local, concretizada em uma comunidade paroquial, irá, paulatinamente, percebendo e acolhendo a relação dinâmica que existe entre a Palavra anunciada e o gesto litúrgico, isto é, a graça do amor gratuito e salvífico do Pai de Jesus Cristo, que o Espírito Santo derrama em Jesus, morto pela sua opção pelos fragilizados e ressuscitado pela sua fidelidade filial. O descortinar do amadurecimento abrir-lhe-á o olhar do coração para perceber que foi escolhido para fazer morrer o homem velho e ser regenerado/revestido do homem novo em Cristo Jesus (cf. Efésios 4,22-24; Colossenses 3,9-10). Mediante a vivência sacramental, o eleito receberá, de maneiras múltiplas e complementares, o Espírito Santo, primeiro e grande dom da Páscoa. Aprofundará intensamente a experiência cristã pela oração, a penitência e a caridade no seguimento de Jesus como preparação à celebração (renovação) do Batismo e à vivencia do seu compromisso batismal. Nesta etapa, o catecúmeno poderá participar – se for oportuno – de momentos de entrega (Pai-Nosso – devoções da comunidade: Padroeiro, Palavra etc.) e, certamente, dos escrutínios e exorcismos de purificação.

- No Tempo da *mistagogia*, o *neófito* (brotinho de cristão), consciente de ser um *recém-nascido*, começa a experimentar e a compartilhar a eficácia dos sacramentos iniciáticos celebrados e do caminho percorrido com Cristo na Igreja, como discípulo missionário. Agora, como membro do Povo de Deus, o neófito está pleno e pronto, seja do ponto de vista essencial (*dimensão ontológica*), seja do ponto de vista existencial (*dimensão histórica*), para propor aos outros o que ele mesmo vivenciou: ser formado/construído *filho-discípulo no Filho*. Tal filiação discipular comporta, para o neófito, uma profunda transformação que o convida a uma resposta para toda a vida, com a ajuda da graça divina, além de favorecer a participação e a vivência na comunidade cristã, e, a partir da fé, a capacidade de afrontar as situações complexas que a realidade do mundo não evangelizado lhe apresente.
- Nesta última etapa, que coincide com o Tempo Pascal, desenvolve-se a mistagogia, que possui um acentuado direcionamento litúrgico, no qual o neófito faz a experiência espiritual dos frutos do Espírito e começa a se introduzir no sentido profundo e espiritual das celebrações e orações da Igreja. De fato, a liturgia pascal reflete os conteúdos da catequese mistagógica: as aparições do Ressuscitado, os discursos sobre a presença de Jesus na Igreja (comunidade reunida) e a leitura dos Atos dos Apóstolos, para apontar a ação do Espírito na Igreja e na vida das primeiras comunidades.
- É muito importante, aliás, decisivo, que os catequistas tenham presente e nunca se esqueçam de que, no processo da IVC, as pessoas não se tornam cristãs apenas e unicamente pelo sacramento do Batismo, mas por meio da celebração integral dos três sacramentos iniciáticos: Batismo, Confirmação e Eucaristia, uma vez que os três, integralmente, são sacramentos da Iniciação, precedidos, sustentados e assegurados em um percurso de conversão adequado e assumido conscientemente na vivência de fé pessoal e comunitária.

2.4. Querigma/Momento querigmático

A palavra "querigma" provém do grego (κήρυγμα, derivado de κηρύσσω/κήρυξ), significando, literalmente, "proclamação em alta voz pelo arauto (keryx)", que, por encargo do rei, deveria anunciar, com forte voz, a notícia que se lhe encomendava, para que de todos fosse conhecida; portava um bastão como sinal de que ele estava investido dessa importantíssima missão real.

No ambiente cristão, essa palavra assume o sentido de "corajosa pregação"; "primeiro e fundamental anúncio do Evangelho destinado a todos": primeiramente, aos que não creem.

No NT, é o anúncio/proclamação central da fé, do núcleo essencial de toda a mensagem evangélica, da Boa Notícia (Evangelho) da salvação, proclamada corajosamente ao longo dos séculos pela Igreja. Como diz o teólogo Jesús Espeja, "a Igreja, pelo querigma, tem a bonita missão de 'fazer inesquecível' Jesus de Nazaré".

O *querigma* é mais que a recitação de um credo: é a proclamação de um acontecimento, de uma pessoa. Esse acontecimento advém a cada um de nós como "algo novo e desconcertante", difícil de ser acolhido pelos que têm coração duro e se consideram poderosos, acima de todos, quando se trata de entender que o Reino de Deus, pregado por Jesus, pertence aos pobres (como se nota nas bem-aventuranças). O próprio Deus, em Jesus, declara-se da parte dos pobres, dos pecadores, dos publicanos, das prostitutas, dos mais vulneráveis. Por isso, o querigma é tão importante na evangelização (ação da Igreja) que, muitas vezes, se torna sinônimo dela, embora seja apenas um dos seus aspectos (o começo, início importante e fundamental). Já no seu anúncio, o catecúmeno deverá optar decisivamente por se colocar como da parte dos pobres e vulneráveis. É contundente a afirmação de que "tão herege é aquele que nega a humanidade e divindade de Jesus, como aquele que nega a radical predileção de Deus e de seu Evangelho pelos pobres".[12]

Querigmático: tudo o que se refere ao anúncio essencial ou central da fé. O pré-catecumenato consiste, basicamente, nesse anúncio querigmático.

O Querigma no processo de IVC: No primeiro momento da IVC, conhecido como *pré-catecumenato*, é imprescindível o anúncio querigmático, porque, apresentando ele o núcleo essencial do Evangelho, suscita no catequizando um interesse pela busca e pelo conhecimento de Jesus, inspirada pelo Espírito Santo, que prepara a conversão inicial no catequizando, mas que já traz consigo toda a força da adesão a Jesus Cristo e a seu seguimento (semente do discipulado). Pode-se afirmar que, aqui, se estabelece a "opção fundamental" que alicerçará toda a vida cristã do futuro discípulo.

Para iluminar na IVC o processo de preparação ao momento querigmático, apresento aqui um esquema do *Diretório Geral para a Catequese*, focado em *seis pontos*:[13]

1) Jesus, como advento do Reino, anuncia e revela que Deus não é um ser distante e inacessível, mas, sim, o Pai, "papai do céu", que está presente para suas criaturas (filhos e filhas), *agindo com seu poder e seu amor misericordioso*. *Esse testemunho de Deus como Pai é obrigatório, fundamental e impreterível no processo/anúncio catequético*. O Deus que encantará as pessoas é assim: um Deus frágil, que não ostenta outro poder a não ser seu Amor.[14]

2) Jesus, ao mesmo tempo, ensina que seu Pai, na proposta de seu Reino, oferece o dom da salvação integral, liberta do pecado, introduz em sua comunhão, concede a filiação divina (filhos[as] no Filho) e promete a vida eterna, vencendo a morte.

---

[12] Cf. Visser't HOOFFT. In: José Ignacio GONZÁLEZ FAUS. *Confío. Comentario al Credo Cristiano*. Santander: Sal Terrae, 2013, p. 57.
[13] DIRETÓRIO GERAL PARA A CATEQUESE, 102, pp. 104-106.
[14] José A. PAGOLA. *Con los ojos fijos en Jesus*.

3) Jesus, ao anunciar o Reino, anuncia a justiça de Deus: proclama o juízo divino e a nossa responsabilidade. O anúncio do juízo de Deus, com o seu poder de formação das consciências, é o conteúdo central do Evangelho e uma Boa-Nova para o mundo. O chamado à conversão e à crença no Evangelho do Reino – de justiça, amor e paz, à luz do qual seremos julgados –, *é fundamental para a catequese*.

4) Jesus declara que o Reino de Deus se inaugura com ele, na sua própria pessoa (LG, 3 e 5). Revela, de fato, que ele próprio, constituído Senhor, assume a realização do Reino, até que o entregue, plenamente consumado, ao Pai. Esse Reino já está presente, acontecendo em mistério aqui na Terra, a caminho de sua plena consumação (GS, 39).

5) Jesus ensina, igualmente, que a comunidade dos seus discípulos, a sua Igreja, constitui o germe e o início desse Reino (LG, 5), e que, como fermento na massa, o que ela deseja é que o Reino de Deus cresça no mundo como uma imensa e fecunda árvore, incorporando a todos.

6) Jesus ensina, finalmente, que a história da humanidade não caminha rumo ao nada, mas, sim – como a realidade do pecado e da graça é nele assumida por Deus –, à transformação. Ela, na sua atual peregrinação rumo à casa do Pai, já oferece uma prefiguração do mundo futuro, onde alcançará sua perfeição. Caminhando, devemos "gritar a Deus e chamá-lo insistentemente de pai até que seja *nosso Pai*" (Magghid de Mervic).

Na verdade, o primeiro anúncio deve provocar um itinerário de formação e de amadurecimento. A evangelização também procura o crescimento, que implica levar muito a sério cada pessoa e o projeto que Deus tem para ela, pois cada ser humano precisa mais e mais de Cristo, e a evangelização não pode permitir que alguém se conforme com pouco, mas que possa dizer plenamente: "Eu vivo, mas não eu: é Cristo que vive em mim" (Gálatas 2,20) (cf. EG, 160).

Observações para a catequese:

1) As finalidades do anúncio de Jesus Cristo são: a) reconhecer Jesus Cristo como o Messias, o Filho de Deus, e crer nele; b) acreditar que, por meio dele, é possível obter a vida eterna; c) o querigma não consiste em criar "apenas simpatia e admiração" por Jesus Cristo, mas a fé.

2) É preciso procurar a todo momento, nos encontros iniciais, despertar os interrogantes sobre o sentido da vida e sobre o lugar de Deus nela e na sociedade. Se não conseguirmos abrir o coração dos catequizandos a esses interrogantes ou a grandes questões da vida humana, e orientá-los em um diálogo frutuoso, para despertar o interesse pela Palavra de Deus e por Jesus Cristo, o querigma poderá se tornar motivo de zombaria, como aconteceu aos atenienses, quando Paulo falou-lhes de "Jesus ressuscitado" sem uma prévia preparação (cf. Atos dos Apóstolos 17,32). Só depois apresentamos Jesus Cristo com o atrativo para conhecê-lo, escutá-lo e segui-lo, de modo breve, em um primeiro momento; depois, nos sucessivos encontros, desenvolver-se-á melhor o tema, que é imprescindível. A fórmula fundamental do querigma cristão pode se concretizar na proclamação de Jesus, diante de um mestre de Israel, que resume a Bíblia e o projeto de Deus em um único versículo, considerado como o cume na hierarquia das verdades, no qual os teólogos acham revelado o mistério da Trindade, da Encarnação e da Redenção: "De fato, Deus amou tanto o mundo, que deu o seu Filho único, para que todo o que n'Ele crer não pereça, mas tenha a vida eterna" (João 3,16). Deve-se insistir: se o catecúmeno encontra sérias dificuldades para aceitar e acolher com convicção o querigma cristão, preciso será prolongar e reforçar a etapa missionária.[15]

---

[15] Cf. CNBB. *Diretório Nacional de Catequese*, p. 196; CNBB. *Iniciação à Vida Cristã*, p. 100; CNBB. *Anúncio querigmático e evangelização fundamental* (Subsídios Doutrinais 4). Brasília: Edições CNBB, 2009; *Dicionário de Liturgia*, p. 1266; RICA. *A evangelização e o "pré-catecumenato"*, 9-13, pp. 19-20; DIRETÓRIO GERAL PARA

A centralidade e a prioridade do querigma requerem deste que exprima o amor salvífico de Deus como prévio à obrigação moral e religiosa, que não imponha a verdade, mas faça apelo à liberdade, que seja pautado pela alegria, pelo estímulo, pela vitalidade e por uma integralidade harmoniosa (EG, 165). Ele anuncia com clareza o amor do Pai, visível na prática de Jesus Cristo e continuada na Igreja pela força do Espírito Santo. Após a proclamação de um texto bíblico, acentua as promessas da graça que esse texto oferece como realização gratuita, sem mérito de nossa parte. Por isso, a Palavra deve ser proclamada de modo convicto, eficaz e propositivo, como acontecimento salvífico que interpela a nossa conversão. Sejamos diretos e convictos em anunciar a Palavra, que opera, hoje, a salvação de Deus em nosso meio, em favor daquele que a acolhe. Sejamos objetivos em apresentar o essencial da mensagem contida nos Evangelhos, mesmo sendo reiterativos e incisivos para suscitar a conversão desejada. Esse método requer algumas atitudes do catequista: 1. Uma postura mais atenta ou maior sensibilidade para se sintonizar com o momento ou a atenção dos catequizandos; 2. Na leitura do texto bíblico, deve ressaltar a ação salvadora de Deus, concretizada em seu Filho e em favor do povo [deles], tornando-a atual, como ação salvífica endereçada a nós hoje; 3. Um testemunho

A CATEQUESE. *Uma mensagem que anuncia a salvação*. São Paulo: Loyola/Paulinas, 1998, 101-102, pp. 104-106 (vale a pena aprofundar estes números); José María GONZÁLEZ RUIZ. "Kerigma". In: *Dicionário de Conceitos Fundamentais do Cristianismo*. São Paulo: Paulus, 1999, pp. 402-406; NÚCLEO DE CATEQUESE PAULINAS. *Querigma: a força do anúncio*. São Paulo: Paulinas, 2014, pp. 29-94; Enrique García AHUMADA. "Aparecida y las Catequesis de Inspiración Catecumenal en el cambio de época". In: *SINITE* 168 [jan./abr. 2015]; pp. 171-184, aqui p. 177; Claudio CASTRICONE. *El Kerygma. Fundamento de la evangelización y la catequesis*. Buenos Aires: PPC, 2014; Bárbara ANDRADE. *Pecado original ou graça do perdão?* São Paulo: Paulus, 2007, pp. 85-119; Francisco PAGNUSSAT. "Querigma, anúncio e formação do discipulado de Jesus com base em Atos 8,26-40". In: *Revista de Catequese* 143 [jan./jun. 2014], pp. 64-82.

intrépido de fé, sem timidez, consolidado na experiência de vida pessoal e da comunidade.¹⁶

2.5. Introdutor

O ministério do introdutor é um ministério específico da IVC. Representa uma das bases do processo catecumenal. Trata-se de uma pessoa que tem uma tarefa específica no começo do processo da IVC: *acompanhar* o catequizando/simpatizante durante o *pré-catecumenato* para que ele, à luz do querigma, percorra um caminho que o leve a um compromisso pessoal e consciente com Jesus Cristo e com a comunidade eclesial.

Essa pessoa acompanha e prepara o catequizando para acolher a Boa-Nova do Evangelho, *fundando as bases para o catecumenato* propriamente dito, no qual atuarão os catequistas.

A tarefa principal do introdutor é, por meio de sua vida e entusiasmo, anunciar Jesus Cristo, ajudando o catequizando a se encantar pelo Senhor, pessoa, mensagem e missão. É fundamental para o catequizando saber que conta com o apoio afetivo e de fé por parte de alguém da comunidade. O introdutor é ciente de que, por sua vez, conta com o apoio de toda a comunidade, não estando isolado. Aqui, será importante explicar à comunidade as orientações do RICA (n. 41,1)

É claro que o introdutor deve ter experiência e intimidade com o processo da IVC e já ter celebrado os sacramentos da Iniciação. Ele participará fervorosamente da Eucaristia dominical ou Celebração da Palavra na comunidade e deverá se preocupar com uma formação continuada, tanto nas ciências bíblicas e teológicas quanto na área da pastoral e das ciências humanas (pedagogia, psicologia, sociologia etc.).

---

[16] Cf. Antonio Francisco LELO. "Metodologia da Iniciação à Vida Cristã". In: *Revista de Catequese* 146 [jul./dez. 2015], pp. 9-10 (o artigo todo: pp. 6-17); Joseph GEVAERT. *O primeiro anúncio: finalidade, destinatários, conteúdos, modalidade de presença*. São Paulo: Paulinas, 2009.

O introdutor deve ser, de preferência, *escolhido pela coordenação da catequese paroquial*. A cada catecúmeno será proposto um introdutor (dando, sem dúvidas, liberdade para a escolha de outro, caso deseje). Este deve ser uma pessoa de fé, já iniciada, constante na vida litúrgica da comunidade e na comunhão eucarística; orante, atenta à Palavra de Deus, pessoa querida na comunidade; solidária e sensível com os mais pobres, respeitosa para com todos; enfim, uma pessoa de personalidade acolhedora e integradora, que saiba ouvir, dialogar e construir sempre.

Esse acompanhante deve captar bem o sentido e o espírito do pré-catecumenato, já que é tempo precioso e básico para todo o restante do processo. Ele deve conhecer bem a mensagem e a pessoa de Jesus Cristo, apresentando solidez, convicção e entusiasmo para com este tempo dedicado à evangelização do catequizando. Deve saber lidar com o catequizando e fazer o acompanhamento dele, a fim de assessorá-lo no caminho da opção de fé e do encontro pessoal com Jesus Cristo. Terá encontros periódicos e sistemáticos com o catequizando para partilhar os momentos significativos em sua caminhada de fé, os desafios, as dificuldades, as alegrias e as descobertas. Participará, também, junto ao pároco e à coordenação da catequese paroquial, da avaliação das disposições do candidato (RICA, 16). Se tratarmos de catecúmenos propriamente (pessoas não batizadas), o RICA expressa preferência de que o introdutor venha a ser o padrinho/madrinha do catecúmeno (RICA, 42).

Temas que deveriam ser tratados na formação dos introdutores.[17]

1) Teologia e a metodologia do processo completo da IVC;

---

[17] Como leitura de apoio: Guillermo D. MICHELETTI. "Proposta de formação para catequistas-animadores de uma catequese com inspiração catecumenal". In: *Revista de Catequese* 141 [jan./jun. 2013], pp. 91-97; Orlando BRANDES. "Cartilha sobre a Iniciação Cristã". In: *Revista de Catequese* 126 [abr./jun. 2009], pp. 74-80.

2) Raízes bíblicas e eclesiais;
3) O que é o catecumenato?;
4) Critérios para o acompanhamento espiritual;
5) Partilha da própria experiência de fé;
6) Levantamento de propostas, dúvidas ou sugestões;
7) Vínculos de confiança e de ajuda fraterna, em nome da comunidade eclesial. O *introdutor* age sempre *na* e *em nome* da Igreja. O catequizando está se inserindo na vida de uma comunidade cristã concreta e nada ideal.

Tarefas principais do introdutor:
1) Favorecer a atuação do Espírito Santo, protagonista da iniciação do catequizando na vida de Cristo e da Igreja;
2) Facilitar a prática familiar do Evangelho na vida pessoal, social e comunitária do catequizando;
3) Estimular o catequizando no processo de conversão e vivência do Evangelho;
4) Auxiliá-lo nas dúvidas e inquietações;
5) Dar-lhe apoio e testemunho cristão;
6) Velar pelo progresso do iniciado na dinâmica da sua vida batismal (cf. RICA, 43).

A espiritualidade própria do introdutor:
O introdutor não é um *especialista* em espiritualidade, mas está sempre aberto e curioso por saber e conhecer mais e melhor; um cristão (ou uma cristã) de boa vontade que se coloca a serviço daquele que quer ouvir a Palavra de Deus. Não é, certamente, *um professor*, mas um *educador-educando* que provoca e acompanha um *educando-educador* no complexo e misterioso caminho da fé. Deve ser, sim, um especialista, paciente no ouvir e no aprender. Procura, desde o início, ajudar o catequizando a encontrar ou a percorrer o caminho que vai se abrindo à sua frente de modo fascinante. De fato, o introdutor *não pode nem precisa saber tudo*. Mesmo sendo uma pessoa sempre aberta a conhecer

melhor os itinerários de IVC, caminhará junto do catequizando, ajudando-o a buscar respostas para sua vida.

Ele será ciente de que o processo de IVC *não tem como finalidade primária e imediata a preparação para os sacramentos*, mas sim a formação de "verdadeiros e autênticos discípulos do Senhor", introduzindo-os em uma mais plena comunhão com Jesus, a ponto de adquirirem suficiente capacidade de ver, julgar e agir segundo os sentimentos, pensamentos e critérios de Cristo Jesus. Ajudará o catequizando a viver uma experiência de encontro com Jesus, como o fizeram os primeiros discípulos. Uma experiência libertadora, transformadora e humanizadora. Ainda, deve ter solidez, convicção e entusiasmo na comunicação da pessoa, mensagem e missão de Jesus Cristo. Dito de outra forma, deve ser verdadeiramente humano, em plenitude. Nisso consiste o seguir o projeto de Jesus Cristo. A vida em plenitude resume a missão de Jesus de Nazaré (cf. João 10,10).[18]

O introdutor deve contagiar o catequizando com a alegria "sempre antiga e sempre nova" (Sto. Agostinho) de ser seguidor de Jesus e de pertencer à comunidade de seus seguidores. Deve ser uma "testemunha contagiante" em meio à obscuridade, à fragilidade e à provisoriedade de nosso tempo, tão carente de "testemunhas da luz", como foi João Batista (cf. João 1,8) (cf. Paulo VI, Discurso: 02/10/1974).

Esse sujeito é a testemunha humilde que, ao estilo de João Batista, não atribui a si mesmo nenhuma função que foque a atenção em sua pessoa, roubando – por assim dizer – o protagonismo de Jesus; seguidor que não o suplanta nem o eclipsa; cris-

---

[18] Preciosa palestra de Frei Carlos MESTERS e Francisco OROFINO. "Jesus Mestre: a experiência do encontro pessoal com Jesus". In: CNBB, *3ª Semana Brasileira de Catequese. Iniciação à Vida Cristã*. Brasília: Edições CNBB, 2010, pp. 117-185; Agenor BRIGHENTI. "A ação pastoral em tempos de mudança: modelos obsoletos e balizas de um novo paradigma". In: *Vida Pastoral* 302 [mar.-abr. 2015], p. 32.

tão, sustentado e animado por Ele, que deixe entrever em seus gestos e palavras a presença inconfundível de Jesus no meio de nós. Um cristão que, com sua vida realizada, alegre e feliz, facilite o encontro com Jesus. Seguidor de Jesus que espalhe o frescor de sua viva e amorosa presença diante do massificado esquecimento e abandono atual de uma consistente prática de fé.[19] Assim, o introdutor é como as testemunhas de Jesus, que não falam de si mesmas; sua palavra mais importante será sempre a de Jesus. Na realidade, a testemunha não tem a palavra. É só "uma voz" que anima a todos a "aplainar" o caminho que a Ele leva e conduz.

Sem dúvida nenhuma, também hoje a fé da comunidade se sustenta sobre a experiência dessas testemunhas humildes e simples que, em meio a tanto desalento e desconcerto, iluminam, ajudando com sua vida a sentir a irresistível proximidade de Jesus.[20]

2.6. Entregas

A passagem de uma fase da catequese para outra é marcada por ritos (RICA, 105), que podem ser chamados de *ritos* ou *ce-*

---

[19] Cf. José Antonio PAGOLA. "Testemunhas da luz". In: Antonio J. de ALMEIDA. *O pão nosso de cada dia* [Subsídio litúrgico-catequético mensal], dez. 2014, p. 52; Valeriano Santos COSTA. *Vida Cristã: a existência no amor.* São Paulo: Paulinas, 2014 [para nós: pp. 47--54]; Luiz E. P. BARONTO/Danilo César S. LIMA. *Oração cristã um encontro com Jesus.* São Paulo: Paulus, 2014 [particularmente pp. 41-45.73-76]; ISTITUTO DI CATECHETICA. *Andate & insegnate. Manuale di Catechetica.* Leumann: Elledici, 2002, pp. 259-261.

[20] CNBB. *Iniciação à vida cristã*, 127-130, pp. 76-78; RICA, 42; Renato QUEZINI. *A pedagogia da iniciação cristã.* São Paulo: Paulinas, 2013, pp. 40-42; CNBB (Comissão Episcopal Pastoral para a Animação Bíblico-Catequética). *Itinerário Catequético: Iniciação à Vida Cristã – Um processo de inspiração catecumenal.* Edições CNBB: Brasília, 2014, pp. 57--58; NÚCLEO DE CATEQUESE PAULINAS. *Querigma: a força do anúncio.* São Paulo: Paulinas, 2014, pp. 88-94; Roberto NENTWIG. *Iniciação à comunidade cristã: a relação entre a comunidade evangelizadora e o catecumenato de adultos.* São Paulo: Paulinas, 2013, pp. 97-101; Renato QUEZIN. *A pedagogia da iniciação cristã.* São Paulo: Paulinas, 2013, pp. 78-79; Guillermo D. MICHELETTI. "A figura do introdutor/acompanhante nos processos de iniciação à vida cristã". In: *Revista de Catequese* 145 [jan./jun. 2015], pp. 22-32.

lebrações de transição ou de passagem. Eles não são detalhadamente estabelecidos no RICA (cf. 98 e 103). Seria oportuno que cada diocese pudesse criar esses ritos de acordo com a distribuição dos conteúdos. Mesmo assim, dois ritos estão sugeridos de forma significativa pelo RICA: a entrega do *Símbolo da Fé* e a entrega da *Oração do Senhor* (Pai-Nosso). Ambos exigem que os catequizandos manifestem "sinais de maturidade"; caso contrário, e em se tratando de adultos, poderiam ser adiados ou não deveriam ser realizados (RICA, 125).

As *entregas* representam a herança da fé que é passada aos caminhantes. Outros rituais vão acompanhando o processo, como as unções e os exorcismos.

No decorrer do processo de IVC com inspiração catecumenal, *confiam-se* aos catequizandos os documentos que, considerados desde a antiguidade como o compêndio de sua fé e oração, visam à sua iluminação. Essa entrega evidencia os empenhos e as responsabilidades que os candidatos estão prestes a assumir, a fim de que se sintam mais empenhados em viver a fundo o mistério de Cristo, particularmente no último período de sua preparação (cf. RICA 25.2).

A entrega do Símbolo da Fé é feita na semana depois do primeiro escrutínio, ou em outro momento oportuno do catecumenato (RICA, 184.125-126). Realiza-se dentro da Liturgia da Palavra, no momento de professar a fé da comunidade, com a formulação do Credo. O Símbolo é lido aos catecúmenos (ou entregue a eles, para que o recitem), e as orações que concluem a entrega sublinham a necessidade da fé para se chegar aos sacramentos. Definitivamente, a fé é um dom de Deus; dom que é significado e cumprido sacramentalmente no Batismo, que não é uma ação mecânica, mas supõe uma fé inicial e uma vontade de se entregar inteiramente ao caminho proposto pela comunidade eclesial para melhor encontrar o Senhor. É muito forte pensar que a Igreja transmite aos novos cristãos a fé que dará forma a toda a existência cristã do neófito. *É um ato que exprime a experiência de fé da Igreja local, à qual o eleito é agregado* (RICA, 187). Daqui em diante, o catequizando, professando a fé da Igreja, diz claramente qual é, a partir de agora, o fundamento de sua vida, "seu credo": o que crê, por que crê e de que modo quer fazer de sua vida um testemunho dessa fé que professa. Na oração de conclusão da entrega, percebemos que a Igreja, confiando o Símbolo a cada catequizando, deseja afirmar que a fé é um dom de Deus que o eleito, sob a ação da graça, deve fazer para dar cumprimento aos sacramentos pascais.

A entrega do Símbolo recorda as maravilhas realizadas por Deus para a salvação da humanidade. O olhar dos catequizandos deve se encher de fé, alegria e gratidão por receberem o mais precioso e importante resumo da fé, transmitido e conservado desde os primeiros tempos do cristianismo. Hoje, continua sendo dado/doado pela Igreja/comunidade com amor, de geração em geração, aos que iniciam o seguimento de Jesus. O presidente, junto à comunidade celebrante, recita o Creio com força e convicção. Os catequizandos o recebem em silêncio e o guardam em sua memória (RICA, 181.183). Fica claro que a celebração marca a etapa de formação sobre as *verdades fundamentais da fé cristã* e o modo de vivê-las no dia a dia.

A pedagogia catequética da entrega do Creio visa criar as "disposições internas do coração", próprias de quem assume o ressoar da fé bimilenar dos cristãos. Aprender o Credo para recitá-lo "de memória" é relativamente fácil. Já recitá-lo "desde o interior do coração" supõe um processo de descobrimento e de integração da fé, em um período de tempo adequado. O catequizando deve se sentir membro de uma família de "testemunhas" de todos os tempos e nações onde o Evangelho ressoou corajosamente. Por isso, necessário será empregar todo o tempo que for exigido para atingir a devida compreensão que demanda o gesto litúrgico-catequético desse momento pessoal e comunitário.²¹

A entrega da Oração do Senhor (RICA 188-199) *se coloca depois do terceiro escrutínio e antes do Batismo* (RICA, 189). Evangelizados, convertidos e amadurecidos em sua fé, os eleitos estão, agora, *prontos para a regeneração*. Tal catequese centra-se, sobretudo, no fato da adoção, que permite ao batizado dizer "Meu Pai! Meu Paizinho!". A entrega significa que o catequizando interiorizou essa oração e, por isso, está, agora, devidamente iniciado, podendo se considerar filho adotivo do Pai – "filho no Filho". A entrega do Pai-Nosso faz de cada cristão um filho que tem a audácia de falar com Deus como Jesus falava com seu Pai amado. Deve fazer do Pai-Nosso a sua oração e a oração do Reino, o ideal de sua vida.

Desde a antiguidade, o Pai-Nosso sempre foi a oração característica dos que recebem, no Batismo, a adoção como filhos e filhas. Ele será recitado pelos neófitos, com os outros batizados, na Primeira Eucaristia de que participarem. O momento oportuno poderá ser escolhido de acordo com a evolução da catequese, de forma que coincida com o aprofundamento da vida de oração dos catecúmenos (RICA, 188). Como celebração de transição, poderá assinalar o término ou começo do aprofundamento da vida de oração e, particularmente, da Oração do Senhor (RICA, 181). Segundo a oportunidade, esse rito pode ser transferido para os ritos preparatórios no Sábado Santo (RICA, 189).²²

---

[21] Cf. Daniel LALIBERTÉ. "Iniciar en modo catecumenal. La situación en el Quebec francófono, a la luz de 'Evangelii Gaudium'". In: *SINITE* 166-167 [maio/dez. 2014], p. 471.

[22] Cf. Antonio Francisco LELO. *A iniciação cristã: catecumenato, dinâmica sacramental e testemunho.* São Paulo: Paulinas, 2005, pp. 88-90; CNBB. *Iniciação à Vida Cristã*, pp. 50-51.96; Domingos ORMONDE. "Celebrações de transição ao longo do catecumenato". In: *Revista de Liturgia* 190 [jul./ago. 2005], pp. 24-25.

2.7. Escrutínios

A palavra latina *scrutinium* (de *scrutare* = procurar, pesquisar, investigar) significa "exame atento, minucioso"; diz respeito ao "perceber o sentido mais profundo". Seu sentido espiritual/catequético é "discernimento", como indica a dupla finalidade colocada pelo RICA: *descobrir o que houver de imperfeito, fraco ou mau no coração dos eleitos, para curá--lo; e, o que houver de bom, forte, santo, para consolidá-lo* (cf. RICA, 154-157). A comunidade, convidada a participar desses momentos celebrativos, beneficia-se com a celebração e intercede pelos catequizandos eleitos (RICA, 158). São celebrações próprias do Tempo de Iluminação que ocorrem, preferencialmente, nos 3°, 4° e 5° domingos da Quaresma. Trata-se de *ritos de discernimento com relação ao progresso do catecúmeno e de purificação interior*. São, também, um exame da conduta moral (cf. RICA 25, 1.52.153.157-159). Possuem um grande valor iniciático. Deus, por meio da Igreja, perscruta o coração do eleito a fim de purificá-lo e dispô-lo à nova realidade que se inicia no Batismo. Os escrutínios não são um exame sobre o conhecimento da verdade da fé por parte do bispo ou do pároco, mas são, antes de tudo, *um discernimento, na oração, da situação de conversão do candidato ao Batismo*. O escrutínio abre o candidato à ação de Deus, para arrancar do seu coração o mal que nele pode existir.

Podemos observar nos escrutínios um duplo fim: a) *descobrir* o que há de imperfeito, fraco e mau no coração dos eleitos para curá-los; e o que há de bom, forte, santo para ser consolidado (RICA, 25.1); b) *permitir* a livre entrada de Deus no coração do candidato, para que, tendo derramado nele sua graça, agora entre nele para colher todo o progresso na resposta à gratuidade de sua ação. Nisto, o eleito percebe toda a sua história projetada para o justo juízo em Cristo (escatologia).

Os escrutínios de Quaresma, na sua qualidade de ritos penitenciais, visam a uma progressão "na consciência de pecado e no desejo de salvação", para, na Vigília Pascal, caminhar ao encontro de Cristo, água viva, luz, ressurreição e vida (RICA, 157). No RICA, os escrutínios são "celebrações" que levam a um exame de consciência e a uma reflexão sobre as maneiras de se libertar do pecado e de suas consequências, reforçando a adesão à redenção oferecida por Cristo.

É bom relembrar que o termo *escrutínio*, usado no RICA, não é exatamente o que se costuma pensar quando se ouve essa palavra. Trata-se de uma celebração em que se espera que as pessoas ouçam a Palavra e, por meio dela, examinem sua vida, com vistas a um progresso sempre maior no seguimento de Jesus Cristo. Na sua preparação pessoal para esses escrutínios e em toda a avaliação de sua caminhada, o catecúmeno conta com a ajuda de seus catequistas, do presbítero e, particularmente, do introdutor, que o acompanhará passo a passo.

Os escrutínios visam a instruir gradativamente os catecúmenos sobre o mistério do pecado e o valor da redenção de Cristo. É necessário que os candidatos progridam do primeiro ao último escrutínio, na consciência do pecado e no desejo de salvação (RICA, 157).

Para cada domingo, o RICA oferece *dois formulários*:

O primeiro escrutínio, baseado no Evangelho da samaritana (João 4,5-42) (3º Domingo da Quaresma/Ciclo A), está ligado à primeira leitura, de Êxodo 17,3-7, na qual a água do monte Horeb salva o povo no deserto. Para o batizado, o amor de Deus foi derramado em seu coração por meio do dom do Espírito (cf. Romanos 5,1-2.5.8). Os formulários oferecidos manifestam no catequizando o desejo de profunda conversão e purificação.

O primeiro apresenta os eleitos, sedentos da água viva, que invocam o Pai, iluminados pela Palavra, reconhecem seus pecados e fraquezas e o poder do inimigo; por isso, pedem que sejam purificados interiormente. Essa oração apresenta a ação de Deus no coração dos eleitos pela força do Espírito Santo. A água, dada pelo Senhor, é aquela que faz nascer de novo; sinal do dom do amor que sacia a sede de justiça mediante a libertação dos grilhões, de seus pecados e fraquezas, corrigindo-os com firmeza.

O segundo escrutínio faz referência aos sacramentos que proporcionam a adoção filial e a libertação do mal, para receber o suave jugo de Cristo (Mateus 11,29-30). Assim, os dois escrutínios partem de uma situação de conversão do eleito que, tocado pela Palavra, ainda não transformado pela graça dos sacramentos, experimenta-se fragilizado para assumir, com decisão, o seguimento de Cristo.

Esse escrutínio celebra Jesus, que restitui a vista ao cego de nascença (João 9,1-41). Essa cura mostra que o Mestre tem a capacidade de devolver a visão e conduzir à luz os que vivem nas trevas. Apesar dos sinais prodigiosos que realiza, os fariseus se negam a crer e a aceitar que ele venha de Deus. São incapazes de reconhecer Jesus como o Messias enviado por Deus. Esse texto evangélico nos mostra que a fé é um dom. Pode recebê-la quem se mostra aberto e receptivo. O catecúmeno deve tomar consciência de sua situação de pecado, de que tem a necessidade de ser liberto do mal e fortalecido pelo poder de Cristo. Pode-se meditar: Gálatas 6,14; 1Coríntios 1,22s e João 3,16. A linha catequética do escrutínio apresenta Cristo, luz do mundo, que afasta definitivamente a cegueira produzida pelo pecado com suas obras e consequências. O Pai liberta o catecúmeno dos erros que o cegam e o faz filho da luz para sempre (RICA, 383. 171).

O terceiro escrutínio segue João 11,1-45, sobre a ressurreição de Lázaro (*'êl'âzar* = Eleazar: "Deus que ajuda"), amigo de Jesus e irmão de Marta e Maria. O catequizando é colocado diante do drama da morte para amadurecer a realidade da vida e se abrir para as realidades mais amplas que norteiam sua fé. Lázaro é o personagem emblemático da humanidade liberta da morte pela vitória da ressurreição de Jesus e que se faz presente, agora, nas águas do novo nascimento (Batismo). Desenvolve-se a relação morte-pecado-Satanás (o mal no humano). O Cristo é vida e ressurreição. Lázaro, colocado a caminho de Jesus em direção à sua morte, antecipa o mistério de sua própria ressurreição. Ele, que ressuscita o "morto já enterrado no sepulcro" (já fede), não pode conhecer a corrupção. O mistério de Lázaro é o de nossa humanidade, enferma e pecadora, destinada à morte. Cristo cura e anuncia a promessa de uma vida imortal. Como Lázaro recobra a vida operada pela autoridade de Cristo, por sua vez, o Batismo, fazendo passar pela morte e ressurreição de Cristo, faz passar à vida (RICA, 387).

Pede-se duas vezes que os eleitos sejam arrancados do domínio da morte e recebam a vida nova em Cristo ressuscitado. Pode-se recordar oportunamente do desrespeito que hoje impera sobre o direito à vida, lembrando a expressão de Ireneu de Leão: "a glória de Deus é que o homem viva" (*Adversus haereses* IV,20,7) (RICA, 178.387). A água e o Espírito apontam-nos o essencial para nossa sobrevivência: quem beber do Espírito derramado pelo Cristo é capaz de reconhecer sua real condição de pecador, e somente buscando o manancial verdadeiro nunca mais terá sede. A luz é o mesmo Cristo, luz do mundo, que afasta definitivamente a cegueira produzida pelo pecado com suas obras e seduções.

Enfim, o tempo da eleição apresenta as mais altas características da espiritualidade cristã, que o catecúmeno prova e nela se exercita:

> (...) confiando na Palavra de Cristo, vivam na liberdade dos filhos de Deus, contemplando a sabedoria deste mundo; libertados pelo poder do Espírito Santo, passem do temor à con-

fiança; tornando-se homens de fé, procurem conhecer o que é justo e santo; todos os que sofrem perseguição pelo Reino de Deus sejam por Ele ajudados; solicitados pelas coisas do mundo, permaneçam fiéis ao Espírito do Evangelho (RICA, 170).[23]

2.8. Exorcismos e bênçãos

A palavra "exorcismo" provém do latim *exorcismus*, que significa "exortar com força"; do grego *exorkizein* = formado por *ex* = fora, mais *horkos* = juramento. O RICA propõe que, nas celebrações e reuniões catequéticas, sejam realizados exorcismos e bênçãos: dois ritos que tornam bem concreto o "cuidado pastoral dos catequizandos" (n. 98). Eles se tornam importantes nas mudanças de um tempo para outro. Os catequistas precisam conhecê-los e incorporá-los à sua prática. Esses ritos são realizados no tempo do catecumenato e nos escrutínios do tempo da Iluminação (3º Tempo). No seu conjunto, estão dirigidos a Deus ou a Cristo, de forma positiva. O ser humano, por si só, não tem força nem coragem para desprender-se e superar a fragilidade humana existencial à qual se sente preso. Na linha da uma teologia mais positiva, esses exorcismos, depois de terem enumerado eventualmente os pecados, rogam para que Deus dê forças para o crescimento da fé, da esperança, de todas as virtudes cristãs e para a conversão.

Podemos observar que são propostos os "primeiros exorcismos" ou "exorcismos menores", feitos de modo positivo (RICA,

---

[23] Cf. RICA, 52; 62; 157-159; 160-180; CNBB. *Iniciação à Vida Cristã*. Brasília: Edições CNBB, 2009, 76 (p. 50), 85 (pp. 53-54) e 94 (pp. 57.96); Manuel del Campo GUILARTE (org.). *Dicionário de Catequética: iniciação cristã*. São Paulo: Paulus, 2004, p. 614, nota 23; Antonio Francisco LELO. *A Iniciação Cristã: catecumenato, dinâmica sacramental e testemunho*. São Paulo: Paulinas, 2005, pp. 76-88; Leomar Antônio BRUSTOLIN; Antonio Francisco LELO. *Caminho de fé*. São Paulo: Paulinas, 2006, p. 80; Domingos ORMONDE. "O tempo da purificação e iluminação". In: *Revista de Liturgia* 179 [set./out. 2003], pp. 27-28.

101; RBC, 17 e 55). Depois, outros "exorcismos", cuja finalidade é purificar os espíritos e os corações dos catecúmenos, fortalecê-los contra as tentações, orientar seus propósitos e estimular as vontades, para que se unam mais estreitamente a Cristo e ao amor a Deus. Os exorcismos são realizados, de preferência, no tempo da Purificação e Iluminação, em preparação aos escrutínios e às entregas da Quaresma (cf. RICA, 154, 156; 164, 171, 178; outras fórmulas, 379).

Esses exorcismos, que nada têm de "esconjuro demoníaco", expressam três pontos fundamentais para a caminhada progressiva do catequizando: a) a vida espiritual acontece em meio à luta entre a carne e o espírito (no sentido de Gálatas 5,13-25), isto é, a luta existencial é para sermos livres, não para sermos escravos do egoísmo, mas escravos de nossos irmãos por amor; b) deve haver renúncia da nossa parte. Não há outro meio para alcançar as bem-aventuranças do Reino de Deus; c) temos sempre necessidade do auxílio de Deus. A tudo isso, pode-se aplicar a seguinte finalidade espiritual: purificar espíritos e corações, fortalecer contra as más inclinações, orientar os propósitos e estimular as vontades para que os catecúmenos se unam mais estreitamente a Cristo e reavivem seu desejo de amar a Deus (cf. RICA, 154). Poderíamos, então, descrever melhor esses "exorcismos" como "Orações de conversão" ou "Orações de fortalecimento" (cf. RICA, 114). Vale a pena que os catequistas se detenham a aprofundar as *onze fórmulas* oferecidas pelo RICA (nn. 114-118).

Bênçãos: Seguindo o mesmo espírito amoroso e purificador dos exorcismos, existem, também, no percurso catequético, bênçãos estimuladas pela mãe Igreja. Essas bênçãos expressam o amor de Deus e a solicitude da Igreja, a fim de que, não possuindo ainda a graça dos sacramentos (para os não batizados = catecúmenos), recebam da Igreja coragem, alegria e paz para continuarem a caminhada com renovado ardor (RICA, 102).

Aconselha-se que estas bênçãos sejam efetuadas habitualmente no fim das celebrações da Palavra de Deus, ou, se for oportuno, no fim do encontro catequético. Podem ser aplicadas em cada catequizando como em todo o grupo.

Estrutura do Rito de exorcismo e da bênção: Na celebração da Eucaristia ou da Palavra, após a homilia, os catequizandos/catecúmenos são chamados para se apresentarem à frente do presidente da celebração e, se for oportuno, se ajoelharem. A assembleia é convidada a orar em silêncio. O presidente impõe as mãos sobre cada catequizando e, depois, diz a oração em voz alta. Todos confirmam o pedido, dizendo "Amém". Se não houver presbítero ou diácono, o bispo pode designar um catequista para realizar o rito. A estrutura do rito das bênçãos é semelhante à dos exorcismos. Habitualmente, não são feitas nas celebrações Eucarísticas ou da Palavra, mas nos encontros catequéticos. Podem ser feitas no início ou no final do encontro. O presidente convida a todos a rezar no silêncio de seus corações. Em seguida, estende as mãos em direção aos catequizandos e diz uma das *nove orações* propostas (cf. RICA, 119). Para finalizar, se possível, os catequizandos, um a um, se aproximam do presidente e este lhes impõe as mãos.[24]

2.9. Mistagogia

O termo "mistagogia" (*mystagôgía*) (M) é composto de duas palavras gregas: os substantivos *mystes* (μυστες = mistério)

---

[24] Leomar Antônio BRUSTOLIN; Antonio Francisco LELO. *Caminho de fé*. São Paulo: Paulinas, 2006, p. 80; Domingos ORMONDE. "Exorcismos, bênçãos e ritos de transição no catecumenato". In: *Revista de Liturgia* 177 [maio/jun. 2003], pp. 15-16; Walter KASPER [e outros]. *Diabo, demônios, possessão: da realidade do mal*. São Paulo: Loyola, 1992; Diccionario de la Biblia. *Demonio(s)*. Santander: Sal Terrae, 2012, p. 195; Dicionário Enciclopédico da Bíblia. *Demônio/Satã*. São Paulo: Loyola [e outras Editoras], 2013, pp. 371-372.1222; A. Netto de OLIVEIRA. "O Sagrado e a cultura: o problema do demoníaco no mundo moderno". In: *REB* 34/Fasc. 136 [dez. 1974], pp. 840-859.

e *agogein* (αγογειν = caminho, direcionamento). Esse termo e seu articulador – o mistagogo (*mystagôgéô*) – têm origem nos rituais *pagãos* (*homem do pago* = interiorano; adorador de muitos deuses), nos quais os "aspirantes" eram introduzidos ao culto dos mistérios com prévia iniciação. *Mystes*, etimologicamente, significa "cerrar os lábios, fechar a boca, manter segredo". Assume, então, o sentido de conduzir uma pessoa ao conhecimento de uma verdade oculta e no rito que a significa; de um mistério.[25]

Mysterion = "mistério", vem da palavra grega *muein*, "de boca fechada", "queixo caído", "estupefato", "boquiaberto", "emudecido"; ou seja, refere-se a um segredo acessível apenas a pessoas paulatinamente iniciadas, a quem foi "aberto o caminho" que as leva a contemplar com sabedoria o mundo visível (da vida, dos símbolos, das ações rituais etc.) para "perceber" seu significado escondido/invisível. Certamente, "essas realidades" não pertencem ao âmbito dos "não iniciados"; por isso, como era costume na prática catequética das primeiras comunidades, na presença deles, boca fechada![26]

Os Padres da Igreja perceberam essa qualidade conceitual e metodológica e começaram a utilizar tal terminologia, com a devi-

---

[25] Cf. CNBB. *Iniciação à Vida Cristã* (Doc. Estudos 97). Brasília: Edições CNBB, 2009, p. 98; Ione BUYST. *O segredo dos ritos: ritualidade e sacramentalidade da liturgia cristã*. São Paulo: Paulinas, p. 116; _____. "Mistagogia: o que é isso?". In: *Revista de Liturgia* [mar./abr. 2007]. Goffredo BOSELLI. *Il senso spirituale della liturgia*. Magnano: Qiqajon, 2012, pp. 15-32; Rosemary Fernandes da COSTA. *Mistagogia hoje: o resgate da experiência mistagógica dos primeiros séculos da Igreja para a evangelização e catequese atuais*. São Paulo: Paulus, 2014; Joel NERY. "Iniciação à vida cristã num mundo em mudança: um olhar crítico a partir da América Latina". In: *Revista de Catequese* 144, pp. 26-36 (aqui pp. 32-34); Jânison de Sá SANTOS. "Formação de catequistas para a Iniciação à Vida Cristã". In: CNBB, *3ª Semana Brasileira de Catequese. Iniciação à Vida Cristã*. Brasília: Edições CNBB, 2010, pp. 189-217 (aqui: pp. 195-196/ notas 108 e 110); NÚCLEO DE CATEQUESE PAULINAS. *Mistagogia: do invisível ao visível*. São Paulo: Paulinas, 2013; Rosemary Fernandes da COSTA. *A mistagogia em Cirilo de Jerusalém*. São Paulo: Paulus, 2015.

[26] Ione BUYST. *O segredo dos ritos: ritualidade e sacramentalidade da liturgia cristã*. São Paulo: Paulinas, 2011, pp. 115-116.

da fundamentação teológica para o cristianismo, reconhecendo o quanto é significativa e expressiva para designar o processo da IVC.

Após o longo e complexo processo histórico de inculturação do cristianismo nas regiões ao redor da bacia do Mediterrâneo, o conceito de *mysterion* foi traduzido para o latim como o termo técnico "*sacramentum*", aplicação que já acontecia de modo corriqueiro no século III, por Tertuliano (+220), a fim de, entre outros, não criar confusão com algumas religiões pagãs que também empregavam elementos iniciáticos. Assim, São João Crisóstomo utiliza, especificamente, esta forma de falar, explicando os ritos aos neófitos: "aquele que vai aproximar-se dos *mistérios sagrados e temíveis*". Por isso, a raiz do conceito de "mistério" é utilizada para os gestos sacramentais no coração do processo iniciático.

Agogein vem de *ago*, que tem relação com "conduzir", "levar", "guiar", "carregar"; em outras palavras, guiar, levar para dentro do mistério ou, na perspectiva cristã, acompanhar o *neocristão* ou "neófito" com o objetivo de ajudá-lo a continuar firme em seu itinerário de construção como discípulo missionário de Jesus Cristo, inserido na comunidade eclesial, a serviço da expansão do Reino de Deus no coração das pessoas, das famílias e dos grupos que compõem a sociedade. Essa iniciação supõe "conhecimento do mistério" (pessoa de Jesus Cristo), concretizado liturgicamente por meio de ritos, levando os iniciados a viver/celebrar o mistério da salvação. Possui, certamente, um matiz de movimentação, de avançar, seguir adiante com determinação, como se "visse o invisível" (na expressão de Hebreus 11,24-27).

Partindo dessas duas raízes, foi afirmado, em sentido muito amplo e pouco significativo, que *mistagogia* é "a entrada no mistério"; mas *todo processo de cristianização é entrar em contato com o mistério*. Com o tempo, o sentido de mistagogia foi se precisando em gestos rituais específicos que, depois, se concretizaram nos "sacramentos". Assim, em sentido cristão, mistagogia significa *marcha guiada por meio dos mistérios ou dos sacra-*

mentos. Ainda com maior precisão, pode-se defini-la como um ensinamento "a partir" dos sacramentos. Trata-se, na ótica iniciática, de "irmos para o mistério", que é já interessante; melhor, "partirmos" do mistério/sacramento para avançar/penetrar no caminho da fé (cf. 1João 1,1).

O que está em jogo na mistagogia? Nada mais, nada menos que nossa relação com o Mistério de Deus e de seu Reino, que é também o Mistério de nossa própria vida e da história, revelado em Jesus Cristo. O segredo fascinante de Deus que se revela pouco a pouco, devagar e delicadamente, e que vai invadindo o nosso ser, na verdade, é o amor gratuito e infinitamente misericordioso de Deus. *Esse mistério encanta e nos transforma por dentro*. Deus nos revela seu plano de salvação, quem somos e o que Ele espera da liberdade e do Amor de cada um de nós.

Ninguém consegue "explicar" Deus e o seu Reino. É impossível reduzir essas realidades a conceitos racionais. É impossível reduzir a fé à aceitação de dogmas ou a um código de moral. É necessário que sejamos "iniciados" no conhecimento do mistério, na comunhão com Deus, não somente com palavras, mas principalmente por meio de uma *experiência* e, no caso da fé cristã, de uma *experiência eclesial e ritual* do Mistério de Cristo, que nos leva a uma vida de fé, centrada na sua pessoa.[27]

A mistagogia designava, em um primeiro momento, a própria celebração dos sacramentos da IVC que introduzem o neófito nos mistérios de Deus; depois, na época patrística, passou a indicar as catequeses sobre os mesmos sacramentos, ministrados aos neófitos pelo bispo, na oitava de Páscoa, a fim de introduzi-los em uma compreensão orante dos sacramentos recebidos na Vigília Pascal. Era a própria ação celebrativa que introduzia os cristãos

---

[27] Cf. Ione BUYST. "O segredo dos ritos". *Apud* Gilberto Siqueira ALVES. "A mistagogia da Palavra: uma leitura catequética de João 1,1-18". *Revista de Catequese* 146 [jul./dez. 2015], p. 27.

em assembleia, como participantes do mistério da salvação: leva à comunhão com o Pai em Jesus Cristo, sob a ação do Espírito Santo. Assim, *Mistagogia* é, antes de tudo, *a própria liturgia que nos guia para dentro do mistério que celebramos*. Pela participação na ação ritual, somos introduzidos, iniciados, mergulhados no Mistério da vida, morte e ressurreição (glorificação) de Jesus, o Cristo. Na Igreja antiga, as catequeses mistagógicas desenvolvidas pelos Santos Padres[28] tinham a finalidade de levar os neófitos a aprofundarem os sinais que foram manifestos na recepção dos sacramentos da iniciação.[29]

O método mistagógico é um método de interpretar a liturgia da IVC, de modo que os vários ritos sejam colocados em relação aos eventos da salvação narrados na Escritura, usada como "tipologia bíblica", ou seja, descrição e interpretação dos ritos a partir da descrição e interpretação do texto bíblico. A mistagogia é a tipologia bíblica aplicada à liturgia, à "letra" da Escritura, na qual aparecem o texto, o evento e as personagens. Corresponde à estrutura do rito celebrado. Para alcançar o significado tipológico--espiritual da letra da Escritura, assim como do rito, é preciso fazer "uma passagem" que possa ser cumprida apenas na fé (cristológica) animada pelo Espírito, pois a interpretação deve iluminar a plenitude tipológica em Cristo (*anti-tipós*), como cumprimento do mesmo plano salvífico de Deus.[30]

---

[28] Santos Padres ou Padres da Igreja são os escritores antigos (bispos, presbíteros e leigos) que viveram entre os séculos I e VII d.C. e se distinguiram como mestres da fé e promotores da unidade da Igreja. Foram eles que elaboraram a estrutura e o vocabulário primitivo da Iniciação à Vida Cristã. Os mais destacados são: Hipólito de Roma, Tertuliano, Cipriano, Clemente de Alexandria, Orígenes, Cirilo de Jerusalém, João Crisóstomo, Ambrósio e Agostinho (cf. ISTITUTO DI CATECHETICA. *Andate e Insegnate – Manuale di Catechetica*. Leumann: Elledici, 2002, pp. 61-62).

[29] Cf. Roberto NETWIG; Regina Fátima de MESQUITA MENON; RICA, 37-40; CNBB. *Iniciação à Vida Cristã*. Brasília: Edições CNBB, 2009, 153, p. 86.98.

[30] Cf. Ione BUYST. "Formação litúrgica mistagógica". In: CNBB. *Liturgia em mutirão II*. Brasília: Edições CNBB, 2009, pp. 177-178; CNBB. *Diretório Nacional de Catequese*.

Na catequese de inspiração catecumenal, o termo "mistagogia" designa *o último tempo da iniciação*. Trata-se de um tempo que valoriza muito a liturgia do Tempo Pascal, com a finalidade de fazer o neófito experimentar a Páscoa do Senhor e se sentir acolhido pela comunidade da qual começou a fazer parte pelos sacramentos: visa ao progresso no conhecimento do mistério celebrado, por meio de novas explanações, e ao começo da participação integral na comunidade. O Tempo Pascal não é somente um tempo do ano litúrgico. Ele, na verdade, constitui uma dimensão interior: a vida nova em Cristo a ser cultivada. Visa à capacitação do entendimento e da vivência da realidade, a partir da experiência de comunhão com o Senhor Ressuscitado. Por isso, mesmo que o processo mistagógico do RICA signifique o último tempo da iniciação e tenha suas raízes no Tempo Pascal, na verdade, abrange o caminho inteiro da vida cristã. Esse caminho é profundamente *eclesial e pessoal*, mas, ao mesmo tempo e necessariamente, profundamente *eclesial e comunitário*.

Brasília: Edições CNBB, 2006, p. 195; Emanuele BARGELLINI. "Exegese patrística e catequeses mistagógica". In: VV.AA. *Raízes históricas e teológicas da* Sacrosanctum Concilium (Coleção 50 anos da SC/Vol. I). Brasília: Edições CNBB, 2013, pp. 41-44.

PARTE III

INSTITUIÇÕES E DOCUMENTOS ECLESIAIS LIGADOS À CATEQUESE

Evangelizar, a partir de Jesus Cristo e na força do Espírito Santo, como Igreja discípula, missionária e profética, alimentada pela Palavra de Deus e pela Eucaristia, à luz da evangélica opção preferencial pelos pobres, para que todos tenham vida (cf. João 10,10) rumo ao Reino definitivo (*Objetivo Geral da Ação Evangelizadora da Igreja no Brasil* – 2011-2015).

3.1. A CNBB – Conferência Nacional dos Bispos do Brasil

Breve história: Em 1942, após a morte de Dom Sebastião Leme da Silveira Cintra – o Dom Leme –, cardeal-arcebispo do Rio de Janeiro, surge uma palpável carência de liderança na Igreja do Brasil. Aparece, então, a carismática figura do cearense Dom Helder Pessoa Câmara (1909-1999). Sendo jovem e entusiasta presbítero, utilizou com maestria a *Revista Catequética* para promover a renovação da catequese brasileira em termos de conteúdo, método e pedagogia. Pastoralmente, almejou, para todo o Brasil, uma pastoral de conjunto, na qual todos os bispos brasileiros pudessem colaborar ativamente na formulação de linhas pastorais a serviço de todos. Em tudo isso, sabe-se da grande estima e total apoio que tinha por parte do Papa Paulo VI (Giovanni Battista Enrico Antonio Maria Montini, 1897-1978).

Em 5 de maio de 1952, os cardeais Dom Carlos Carmelo de Vasconcelos Mota, arcebispo de São Paulo (de 1944 a 1964), e Dom Jaime de Barros Câmara, arcebispo do Rio de Janeiro (de 1943 a1971), debruçaram-se na enorme tarefa de comunicar e propor a todos os bispos do Brasil o audacioso projeto da fundação de uma Conferência Episcopal. Apresentaram um esquema de Regulamento, solicitando o parecer de todos os bispos. Na época, a Igreja no Brasil contava com 20 províncias eclesiásticas (com seus respectivos Arcebispados Metropolitanos) e 115 dioceses e prelazias.

Naquele mesmo ano, de 14 a 17 de outubro, no Palácio São Joaquim (RJ), realizou-se a Assembleia de Instalação da Conferência Nacional dos Bispos do Brasil (CNBB), da qual todos os bispos tinham o direito de participar a título de *membros a pleno direito*. O regulamento inicial e fundacional modificou-se para uma forma de Estatuto (por recomendação da Santa Sé). O primeiro presidente eleito foi o Cardeal Mota, sendo Dom Helder Câmara nomeado secretário-geral, cargo que ocupou por 12 anos, marcando significativamente os trabalhos da iniciante CNBB, graças ao seu espírito fraterno de abertura e de diálogo.

O olhar inicial pastoral foi a missão dos leigos. Nisto, o "Padre Helder" (como o chamavam) teve grande força de convocação. Tratava os leigos com carinho e respeito, colocando-se à disposição de todos com fraterna atitude evangélica, sem os resquícios de *status* principesco.

Merece atenção particular o Núncio Apostólico, Dom Armando Lombardi, que, tendo chegado ao Brasil, em 1954 (ficou 10 anos no cargo), criou uma fecunda amizade com os responsáveis pela CNBB. Sua atuação foi de "excepcional importância para a renovação da Igreja no Brasil até 1964". A criação da

CNBB preparou as ótimas condições para a existência e a evolução de uma pastoral de conjunto em âmbito nacional.

Atualmente: A CNBB conta com uma dinâmica organizativa fecunda e bem articulada. Tem um Presidente, um Vice-Presidente e um Secretário Geral, um Conselho Episcopal de Pastoral, um Conselho Permanente, um Secretariado Geral e Conselhos Episcopais Regionais, além de Comissões Episcopais pastorais, Conselhos e outras Comissões, Organismos e Assessorias Episcopais.

O *Acordo Brasil – Santa Sé*, em vigor desde 17 de fevereiro de 2010, reconhece a personalidade jurídica da CNBB e de todas as pessoas jurídicas eclesiásticas:

> A República Federativa do Brasil reafirma a personalidade jurídica da Igreja Católica e de todas as Instituições Eclesiásticas que possuem tal personalidade em conformidade com o direito canônico, desde que não contrarie o sistema constitucional e as leis brasileiras, tais como *Conferência Episcopal...* (Artigo 3°).[1]

Os objetivos da CNBB são:

a) *aprofundar* cada vez mais a comunhão com os bispos;
b) *estudar* assuntos de interesse comum da Igreja no país, para melhor promover a ação pastoral orgânica;
c) *deliberar* em matérias de sua competência, segundo as normas do direito comum ou de mandato especial da Sé Apostólica;
d) *manifestar* solicitude pela Igreja Universal, por meio da comunhão e da colaboração com a Sé Apostólica e com as outras Conferências Episcopais;

---

[1] Cf. SOCIEDADE BRASILEIRA DE CANONISTAS. *Código de Direito Canônico Comentado –* Tomo I. Brasília: Edições CNBB, 2013. Comentário aos Cânones 447-449, pp. 559-561.

e) *cuidar* do relacionamento com os poderes públicos, a serviço do bem comum, ressalvando o conveniente entendimento com a Nunciatura Apostólica, no âmbito de sua competência específica.

Endereço da Sede Nacional:

SE/Sul Quadra 801, conjunto "B"
70200-014 Brasília – DF
Caixa Postal 02037 / 70259-970

Tel.: (61) 2103-8300
Fax: (61) 2103-8303/2103-8302

O que é uma Conferência Nacional de Bispos? É uma organização, em âmbito nacional, de bispos que se reúnem regularmente para a coordenação pastoral interdiocesana e para a intercomunicação das dioceses. É a expressão mais significativa da colegialidade episcopal, visando promover a comunhão e a colaboração entre as dioceses e a articulação de uma pastoral de conjunto. Historicamente, foram os bispos da Bélgica os primeiros a se reunir, a partir de 16 de novembro de 1830, desenvolvendo as características que depois assumiriam as Conferências Episcopais. Em seguida, foram os bispos alemães (1848), os austríacos (1848), os italianos (1849) e, sucessivamente, toda a Europa. O Código de 1917 não reconheceu explicitamente as Conferências, mas, na prática, a Santa Sé as reconheceu "teoricamente" em 1959. Sem dúvida, foi decisivo o influxo do Papa Pio XII, que, pela primeira vez e de modo universal, recomendou *que os bispos se reunissem em Conferências Episcopais* (02/11/1954). Finalmente, o Concílio Vaticano II (1962-1965) tratou abertamente das Conferências Episcopais no Decreto

Christus Dominus (nn. 37 e 38). No dia 21 de maio de 1998, o Papa João Paulo II publicou o *Motu proprio Apostolos Suos*, sobre a natureza teológica e jurídica das Conferências dos Bispos. O *Código de Direito Canônico* afirma que a *Conferência dos Bispos* é um organismo permanente no qual os bispos de uma nação ou de determinado território reúnem-se para exercer conjuntamente certas funções pastorais em favor dos fiéis de seu território, a fim de promover o maior bem que a Igreja proporciona aos homens, principalmente, em formas e modalidades de apostolado devidamente adaptadas às circunstâncias de tempo e lugar, de acordo com o direito (*Cânon* 447 – o tema abrange os cânones 447-459).

Na área catequética: No decorrer do tempo, foram-se estruturando, de forma muito dinâmica, especialmente com as Diretrizes Pastorais, que se renovam a cada quatro anos, seus planos bienais, congressos, encontros e, ainda mais nestes últimos anos, com a publicação de importantes documentos a respeito.

A partir da reestruturação da Comissão Episcopal Pastoral para a Animação Bíblico-Catequética, a área de catequese representa uma importante presença de linhas diretoras do complexo universo de estruturas da catequese nacional, especialmente, no que diz respeito à Iniciação à Vida Cristã[2] e da animação bíblica de toda a pastoral (I Congresso Brasileiro de Animação Bíblica da Pastoral, Goiânia, 08-11/10/2011).[3]

---

[2] Cf. Documento de Estudo 97: *Iniciação à Vida Cristã: um processo de Inspiração Catecumenal*. Brasília, 2009; Terceira Semana Brasileira de Catequese, Itaici, 06-11/10/2009.

[3] Cf. CNBB. *Diretório da Liturgia e da Organização da Igreja no Brasil* (Ano 2014), p. 212; Ralfy Mendes de OLIVEIRA. *Vocabulário de pastoral catequética*. São Paulo: Loyola, 1992, pp. 33-34; DIRETÓRIO NACIONAL DE CATEQUESE. p. 192; Henrique Cristiano José MATOS. *Nossa história: 500 anos de presença da Igreja Católica no Brasil* (Tomo III). São Paulo: Paulinas, 2003, pp. 152-159.

3.2. Comissão Episcopal Pastoral para a Animação Bíblico--Catequética

A Comissão Episcopal para a Animação Bíblico-Catequética faz parte das Comissões Episcopais de Pastoral da CNBB. Ela se situa como um serviço essencial à evangelização inculturada da Igreja no Brasil. Desde a sua criação, dentro do espírito do plano de Pastoral de Conjunto, promoveu a ação catequética, o aprofundamento doutrinal e a reflexão teológica. Continuando com a sua missão, propõe, de modo referencial, um itinerário formativo sistemático e progressivo da fé, para que as pessoas, acolhendo a Palavra anunciada, vivam uma experiência pessoal e comunitária no Deus de Jesus Cristo e celebrem o Mistério da Redenção no serviço aos irmãos.

A estrutura da Comissão é muito simples:

- um bispo como Presidente;
- três bispos como assessores;
- um presbítero (ou mais pessoas) como Assessor Geral;
- *e-mail*: catequese@cnbb.org.br.

São os Objetivos da Comissão:

a) *oferecer* um itinerário de iniciação e formação permanente, sistemático e progressivo na fé, na esperança e na caridade, introduzindo a pessoa na vida da comunidade, na celebração e vivência dos mistérios da fé cristã, no seguimento a Jesus Cristo, com suas implicações na maneira de conviver e no compromisso com a transformação da realidade;

b) *valorizar* a Palavra de Deus na Bíblia como fonte de vivência comunitária e da missão da Igreja e de cada cristão;

c) *chamar* toda a Igreja a se fazer permanente ouvinte da Palavra de Deus, assimilando-a e confrontando-a com a vida.

Vários grupos fazem parte de sua organização:

a) *Existiam o Grupo de Reflexão Bíblica Nacional (GREBIN)*, criado em 1990 como órgão consultivo da CNBB para assessorar a reflexão, orientação e animação da pastoral bíblica; e o *Grupo de Reflexão Catequética (GRECAT)*, criado em 1984 para acompanhar a reflexão e sistematização da catequese em âmbito nacional. Esses dois grupos, a partir de sua junção, formaram o *GREBICAT*. Entre os objetivos traçados pelo novo Grupo, constituído por biblistas e catequetas, o principal é *dar mais importância à caminhada conjunta da animação bíblico-catequética no país*, partindo da caminhada entre os regionais e as dioceses. Este grupo também é responsável pela *produção de textos e subsídios* que possam auxiliar a caminhada bíblico-catequética da Igreja no Brasil.

b) *Grupo de Reflexão das Escolas Catequéticas (GRESCAT)*: O GRESCAT é formado por representantes de escolas catequéticas convocados pela Comissão, como assessoria e apoio, com o objetivo de refletir, avaliar e acompanhar o processo de formação de catequistas. Criado em 1992, busca princípios e critérios de avaliação das linhas eclesiológicas, pedagógicas, pastorais e bíblicas das escolas, à luz das diretrizes da Igreja e das situações concretas.

c) *Grupo de Catequetas*: O grupo de catequetas foi formado em 1998, a fim de fortalecer o processo de reflexão catequética em sintonia com os Institutos de Teologia. Procura refletir sistematicamente a catequese que está sendo realizada em nossa ação evangelizadora. Por ocasião da 2ª Semana Brasileira de Catequese (2002), o grupo assumiu a tarefa de articular os catequetas no Brasil para que desenvolvam em conjunto um trabalho em prol da catequese.

d) *Grupo das Coordenações Regionais*: Tendo como objetivo a articulação das coordenações regionais, este grupo procura manter a unidade de ação com a Comissão Nacional. Assume a corresponsabilidade pelo bom andamento da catequese em todos os níveis e etapas, cooperando com a ação em conjunto. Reúne-se uma vez por ano para estudo, avaliação e planejamento das atividades, a fim de dinamizar, em seus regionais, as ações propostas.

e) *Equipe Executiva de Catequese junto à Pessoa com Deficiência*: Formada em 2002, como fruto do 2º Seminário Nacional de Catequese Especial, esta equipe pensa e realiza a catequese junto à pessoa com deficiência, proporcionando uma formação sistemática e favorecendo o acolhimento dos catequizandos. Incentiva a inclusão da pessoa com deficiência na comunidade cristã, como membro efetivo da Igreja

3.3. Catecismo da Igreja Católica

Breve história: Obedecendo ao pedido do Sínodo Extraordinário dos Bispos (1985), em 1986, o Papa João Paulo II constituiu uma comissão de doze cardeais e bispos, com um comitê de redação formado por sete bispos. Nas primeiras reuniões, pensou-se em um esquema tripartite: verdades em que se deve crer, sacramentos e preceitos. A primeira redação do texto definitivo aparece nos primeiros meses de 1992, e a redação final em 30 de abril desse mesmo ano.

Assim, com a intenção de preparar e oferecer à Igreja "um instrumento válido e legítimo a serviço da comunhão eclesial e norma segura para o ensinamento da fé" (FD, 4), o Papa João Paulo II aprovou e promulgou o texto do *Catecismo* com a *Constituição Apostólica Fidei Depositum* (*O depósito da fé*), no dia 11 de outubro de 1992. O documento foi publicado pela primeira vez em 8 de dezembro de 1992.

Pode-se dizer que a redação do Catecismo foi "colegiada", pois, além dos membros da comissão, colaboraram 797 bispos de todas as partes do mundo, respondendo pessoalmente; ademais, em forma conjunta, aproximadamente 28 conferências episcopais, representando, aproximadamente, 295 bispos. Foram acolhidas cerca de 24 mil propostas de emendas, retoques e modificações.

Estrutura: Como se percebe, a estrutura adotada pelo Catecismo se inspira no Catecismo Romano de São Pio V. A porcentagem dos temas ficou fixada assim: Credo, 39%; sacramentos, 23%; mandamentos, 27%; Pai-Nosso, 11%. A primeira parte tem por título *A profissão da fé*, obrigação de quem, pela fé e pelo Batismo, foi incorporado a Cristo. A segunda parte, *A celebração do mistério cristão*, expõe como a salvação de Deus, realizada de uma vez para sempre por Cristo, no Espírito Santo, faz-se presente na liturgia da Igreja e, de modo especial, nos sete sacramentos. E a terceira, *A vida em Cristo*, coloca em destaque a dignidade da pessoa humana, que realiza sua plena vocação de filho de Deus pela força do Espírito Santo, para ser progressivamente transformado à imagem do Filho Unigênito; é o caminho que deve seguir todo cristão. E, por último, a sua quarta e mais breve parte, intitulada *A oração na vida cristã*, desenvolve a dinâmica da vida de oração, que, partindo do Mistério da Fé em que se crê, que se celebra e que se vive em todas as dimensões da vida, deve ser vivida especialmente na relação pessoal com Deus. Na metade dessa parte, o Catecismo se dedica com aplicado esmero à explanação do Pai-Nosso.

Finalidade: Apresentar os dados essenciais da fé católica de modo integral, orgânico, bebendo na fonte da Sagrada Escritura e no rico conjunto da Tradição. É o ponto de referência seguro para a elaboração dos futuros catecismos nacionais e diocesanos, provendo, assim, apoio sólido para os agentes da catequese – pastores, líderes e catequistas. Joseph Ratzinger exprime isso de forma categórica, quando diz que quem busca no *Catecismo* um novo sistema teológico ou uma nova hipótese surpreendente ficará decepcionado. Esse tipo de atualidade não é a preocupação desse documento. O que ele oferece, bebendo nas fontes da Sagrada Escritura e no rico conjunto da Tradição em suas múltiplas formas, como também se inspirando no Concílio Vaticano II, é, sim, uma visão orgânica da totalidade da fé católica, que é linda, precisamente em seu conjunto, e de uma beleza na qual brilha o esplendor da verdade. A atualidade do *Catecismo* é a atualidade da verdade, novamente expressa e pensada. Essa atualidade durará muito mais do que os murmúrios de seus críticos.

Destinatários: Em primeiríssimo lugar, os destinatários serão os bispos, enquanto doutores da fé e pastores da Igreja; e, por meio deles, os redatores de catecismos, presbíteros e catequistas. Em sentido amplo, o Catecismo se oferece a todos os cristãos desejosos de aprofundarem a fé.

Valor doutrinal do Catecismo: O Papa João Paulo II afirmou que o Catecismo forma parte do Magistério da Igreja, e em particular, do Magistério ordinário pontifício, e, como tal, há de ser recebido por todos, pastores e fiéis, "com religioso obséquio da vontade e da inteligência". Ele deve ser reconhecido como um instrumento válido e legítimo a serviço da comunidade eclesial e como uma norma segura para o ensinamento da fé.

Aspecto catequético do Catecismo: A catequese encontra no Catecismo uma genuína e sistemática apresentação da fé e da doutrina católica, uma vida plenamente segura para apresentar, com renovado impulso, aos homens de hoje a mensagem cristã, em todas e em cada uma de suas partes.

O catequista receberá uma ajuda para conjugar a unidade entre o que é proposto e as exigências e circunstâncias que apresentam a situação dos destinatários e as possibilidades concretas do anúncio. O Catecismo pode ser colocado ao alcance de todos sempre que aconteça uma adequada preparação. Certamente, seu nível exige que se possua certo grau de cultura doutrinal e teológica, sem a qual a sua leitura não atingirá os frutos desejados.

Aspecto catequético da Iniciação: No Catecismo, há várias referências ao tema da IVC, como podemos conferir nos nn. 1229-1233.1244.1285.1292.1318.1321; e do catecumenato, nos nn. 1248-1249.1259.1537. Descrevem-se aí os elementos essenciais da IVC. O Catecismo afirma que, por sua natureza, o Batismo de crianças exige um *catecumenato pós--batismal*. Trata-se do desabrochar necessário da graça batismal no crescimento da pessoa. Apregoa que a IVC acontece liturgicamente em uma única celebração dos três sacramentos – Batismo, Confirmação e Eucaristia. Depois, como a própria natureza humana o exige, há de se continuar o processo de amadurecimento com os devidos aprofundamentos catequéticos. A ordenação que o Catecismo faz dos sacramentos da IVC é correta (n. 1285), isto é, coloca a Confirmação logo após o Batismo. No entanto, na prática pastoral (pelo menos da Igreja Católica no Ocidente), isso não acontece, pois a Confirmação é celebrada normalmente após a celebração da Primeira Eucaristia. Por causa disso, essa questão é alvo de muitas críticas e motivo de duras observações por parte de catequetas renomados (n. 1285).[4]

3.4. Dicionário de Catequética

A publicação original do *Dicionário de Catequética* foi em dois volumes, em língua espanhola, pela Editora San Pablo, Madri, no ano de 1999. O *Dicionário de Catequética* em português brasileiro, publicado pela Editora Paulus, em 2004, é uma versão que apresenta algumas modificações e

---

[4] Cf. Juan Antonio Martínez CAMINO. "Catecismo da Igreja Católica". In: *Dicionário de Catequética*, pp. 104-114; Luiz Alves de LIMA. "A Iniciação Cristã ontem e hoje: história e documentação atual sobre a Iniciação Cristã". In: CNBB. *Iniciação à Vida Cristã* (3ª Semana Brasileira de Catequese), p. 87; Joseph RATZINGER. "Atualidade doutrinal do Catecismo da Igreja Católica após 10 anos de sua publicação". In: *Revista de Catequese* 101 [jan./mar. 2003], pp. 5-19; Francisco CATÃO. "O Catecismo da Igreja Católica no estudo da Teologia". In: *Revista de Catequese* 101 [jan./mar. 2003], pp. 20-30; Antonio Luiz Catelan FERREIRA (org.). *Os 20 Anos do Catecismo da Igreja Católica e o Ano da Fé*. Brasília: Edições CNBB, 2013.

acréscimos de verbetes que não constam na edição original, tais como *Campanha da Fraternidade; Catequese no Mundo Protestante; Catequese Renovada; Cultura Indígena e Catequese; História da Catequese no Brasil,* e assim por diante. A obra abrange 37 conceitos em 172 verbetes, desenvolvidos em 1.144 páginas.

Por isso, a versão em português brasileiro é mais do que uma simples tradução: é uma criativa adaptação, sobretudo, para o público brasileiro.

O *Dicionário* apareceu em um momento privilegiado da atividade catequética da Igreja. É sabido que, graças à inspiração evangelizadora do Concílio Vaticano II, a catequese foi uma das áreas mais desenvolvidas nesses últimos 50 anos, particularmente durante o pontificado de João Paulo II, que, no início do terceiro milênio, instou as Igrejas a privilegiarem efetivamente a atividade catequética, oferecendo, entre outras iniciativas, o lançamento do *Catecismo da Igreja Católica* (1992) e o novo *Diretório Geral para a Catequese* (1997).

A finalidade desse *Dicionário* é apresentar uma visão sintética e científica da ação catequética da Igreja, elaborando princípios teológico-pastorais apoiados nas ciências humanas da educação, como as orientações da práxis catequética eclesial; e, também, ajudar a descobrir novas coordenadas que delineiem o presente da catequese e abram perspectivas aos futuros desenvolvimentos catequéticos. Outra finalidade é assinalar os conteúdos teológico-antropológicos e pedagógicos, tanto os já adquiridos na catequética atual como os necessitados de reajustes pastorais, de clarificação e de aprofundamento teológico.

Finalmente, o *Dicionário* apresenta uma substancial bibliografia que reúne os conceitos fundamentais da pesquisa catequética dos últimos 25 anos das catequeses europeia e latino-

-americana. Para isso, levou em conta o equilíbrio de um justo pluralismo teológico e catequético para ajudar a inculturação da fé nas igrejas particulares, assim como a elaboração de catecismos locais e outros instrumentos catequéticos que tenham o *Catecismo* como texto de referência seguro e autêntico.[5]

3.5. Diretório Nacional de Catequese (DNC)

Breve histórico da redação do DNC

Ao longo do Jubileu do ano 2000, o Papa João Paulo II convidou o povo de Deus para encarar, com coragem e força, uma renovada ação evangelizadora. Partindo desse audacioso convite, muitos catequetas e bispos no Brasil almejaram a ideia de avaliar profundamente a caminhada catequética a partir do documento *Catequese Renovada* (CR).

Uma série importante de documentos foi publicada a partir dos objetivos da *Catequese Renovada*, gerando uma nova mentalidade catequética. Para isso, o GRECAT foi convidado a iniciar um acurado estudo, direcionado à futura redação de um documento de abrangência nacional, integrando todos os aspectos positivos da caminhada catequética dos últimos 25 anos, acolhendo as conquistas e propostas da experiência e da ciência catequética hodierna, aplicada a nossa realidade em todos os níveis.

Salientamos aqui alguns momentos significativos da gênesis e formação do DNC.

Pode-se colocar como ponto de partida do DNC a reunião do GRECAT (Sobradinho [DF], de 25 a 27 de outubro de 2001). Entre os temas definidos na pauta, encontrava-se a redação de um futuro DNC. Todos concordaram que esse documento era uma exigência de nossos tempos, pois havia a urgente neces-

---

[5] Cf. DICIONÁRIO DE CATEQUÉTICA (*Introdução*). São Paulo: Paulus, 2004.

sidade de "adaptar à nossa realidade o *Diretório Geral para a Catequese* de 1997".[6]

Posteriormente, no encontro acontecido nos dias 30 e 31 de julho de 2002, em São Paulo (SP), foram colocadas as linhas que norteariam o futuro DNC. O Pe. Luiz Alves de Lima apresentou um texto/rascunho, fazendo uma retrospectiva do caminho percorrido para a elaboração do anteprojeto do DNC. O texto, corrigido, foi apresentado na 40ª Assembleia Geral dos Bispos (em abril de 2002), em que, uma vez tendo sido o documento aprovado por *unanimidade*, foi nomeada uma comissão para sua definitiva elaboração.[7]

Por ocasião da reunião do GRECAT, em São Paulo (SP), de 17 a 19 de outubro de 2002, Dom Francisco Javier Fernandez destacou, entre os objetivos da reunião, a discussão sobre o DNC. A Ir. Teresa Nascimento relembrou os nomes de bispos e assessores indicados para a Comissão de Redação do DNC. O Ir. Nery acrescentou a necessidade de *estabelecer critérios* para a elaboração do documento. Nas considerações finais, falou-se sobre algumas considerações gerais do futuro texto: critérios para sua redação definitiva e distribuição de tarefas.[8]

A primeira reunião do GRECAT, em 2003, aconteceu entre os dias 20 e 22 de fevereiro, em São Paulo (SP). O Pe. Luiz Alves de Lima, depois de uma exposição geral da situação do projeto, propôs distribuição dos temas entre os redatores. Foram estabelecidos cronogramas e prazos para a produção de cada parte: produção do texto completo e posterior revisão por um pequeno grupo (em São Paulo). Finalmente, discutiu-se a maneira como o documento seria encaminhado para a 41ª Assembleia Geral dos Bispos.[9]

[6] *Revista de Catequese* 97 [jan./mar. 2002], p. 75.
[7] Cf. *Revista de Catequese* 99 [jul./set. 2002], pp. 63.66.
[8] Cf. *Revista de Catequese* 100 [out./dez. 2002], pp. 28-31.
[9] Cf. *Revista de Catequese* 101 [jan./mar. 2003], pp. 62-67.

Entre os dias 28 e 30 de março de 2003, aconteceu a reunião das Coordenações Regionais de Catequese. Nessa reunião, a Irmã Tereza do Nascimento apresentou o texto do DNC – *Instrumento de trabalho I*. Tratava-se da primeira versão oficial (correspondia à 10ª versão corrigida dos esboços). Feita a análise do texto em grupos, assumiu-se o compromisso de enviá-lo a todos os regionais para ser lido e estudado, dando-se especial ênfase aos capítulos V e VI. As observações e propostas de emendas seriam enviadas à Secretaria Nacional.[10]

Na segunda reunião do GRECAT, entre os dias 15 e 16 de setembro de 2003, no Instituto Teológico Pio XI, em São Paulo (SP), o Pe. Lima lembrou mais uma vez a todos o processo de redação do *Instrumento de Trabalho* do DNC. Observou-se que a linguagem utilizada era de difícil compreensão, sendo necessária uma revisão, de modo a se alcançar uma linguagem mais moderna, prática e atualizada. Houve a necessidade, também, de uma revisão do DNC sob o aspecto teológico e um melhor esclarecimento sobre a parte litúrgica, a qual parecia um pouco fraca e limitada. Previu-se que a redação definitiva ficaria pronta provavelmente para o segundo semestre de 2005.[11]

Na *Revista de Catequese*[12], foi publicada uma comunicação expondo o estágio da redação do DNC àquela época. Na primeira parte do artigo, foram colocadas as várias etapas da evolução da redação desse importante documento. Mas o destaque foi a reunião que a Comissão Episcopal teve com a Comissão de Redação do DNC nos dias 16 a 17 de março de 2004, em São Paulo (SP). Entre os pontos discutidos, destacaram-se o questionamento de qual seria a espinha dorsal da catequese em nossa realidade brasileira; a falta de clareza sobre o tema da

---

[10] Cf. *Revista de Catequese* 102 [abr./jun. 2003], p. 68.
[11] Cf. *Revista de Catequese* 103/104 [jul./dez. 2003], pp. 105-107.
[12] N. 105 [jan./mar. 2004], pp. 47-53.

espiritualidade do catequista; e a possibilidade de inserir o n. 23 das *Diretrizes Gerais* (que tratam explicitamente da catequese). Posteriormente, o Pe. Luiz Alves de Lima fez uma leitura global do *Instrumento do trabalho* (nova versão mais sintética), ressaltando os acréscimos no âmbito da liturgia, atendendo às contribuições da equipe nacional de liturgia da CNBB.

Finalizados o exame e a avaliação do texto, o novo *Instrumento de Trabalho II* fixou o seguinte esquema, quase definitivo:

Introdução Geral
I Parte: Fundamentos teológicos – pastorais da catequese
Introdução à primeira parte
Capítulo 1. Conquistas do recente movimento catequético brasileiro
Capítulo 2. A catequese na missão evangelizadora da Igreja
Capítulo 3. Catequese contextualizada: história e realidade
Capítulo 4. Catequese: mensagem e conteúdo
II Parte: Orientações para a catequese na Igreja particular
Introdução à segunda parte
Capítulo 5. Catequese como educação da fé
Capítulo 6. Destinatários como interlocutores no processo catequético
Capítulo 7. O ministério catequético e seus protagonistas
Capítulo 8. Lugares da catequese e sua organização na Igreja particular

Conclusão Geral

A primeira reunião do GRECAT, de 2004, realizou-se no dia 13 de março, em São Paulo (SP), junto do Grupo de Reflexão Bíblica Nacional (GREBIN). Depois, o Pe. Lima apresentou o estágio em que estava o documento com o acréscimo de outras contribuições. Explicou detalhadamente os critérios usados nessa nova reestruturação do texto: recomposição dos capítulos, desenvolvimento da parte litúrgica e o seu lugar no documento, esclarecimento de conceitos e definições.

Percebeu-se a necessidade de o texto passar por uma leitura feita por peritos, para se identificar o que era fundamentação teológica e o que correspondia à orientação catequética, típica do Diretório. Para essa tarefa, foram indicados, para a parte teológica, o Pe. Antoniazzi; e, para a conferência das citações do *Código de Direito Canônico*, o Pe. Gervásio Queiroga. Também foi levantada a necessidade de uma adequada dinâmica de apresentação do texto na 42ª Assembleia Geral dos Bispos, que ocuparia uma sessão inteira, em torno de 2 horas.

Finalmente, no dia 27 de abril de 2004, durante a oração das *Laudes*, na Assembleia citada, em Itaici (SP), o presidente da Comissão Episcopal para a Animação Bíblico-Catequética, Dom Eugène Lambert Adrian Rixen, pronunciou uma homilia relevando a missão do bispo diante da catequese, os aspectos mais importantes do Documento *Catequese Renovada* (1983) e os novos desafios que se apresentavam, especialmente nesse processo de preparação, estudo e aprovação do *Diretório Nacional de Catequese*.[13]

A segunda reunião do GRECAT realizou-se entre os dias 11 e 12 de agosto de 2004, em São Paulo (SP). Nessa reunião, o Pe. Lima, coordenador da redação do DNC, apresentou os passos dados desde a Assembleia Geral da CNBB, em abril daquele ano, até aquela redação. O Pe. Lima apresentou um novo texto, que foi publicado como *Instrumento de Trabalho III*, e também discorreu sobre a boa acolhida do texto apresentado na 42ª Assembleia Geral da CNBB. Foram feitas algumas ressalvas sobre a terminologia "catequese de pessoas com deficiência" ou "com necessidades especiais". Mesmo assim, foi solicitado o acréscimo de algo sobre a espiritualidade do catequista. O Ir. Nery ficou encarregado de elaborar uma nova redação da parte que trataria do tema *Ensino Religioso e Escola Católica*.

Foi decidido que, após a publicação do *Instrumento de Trabalho III*, com ampla divulgação, a Comissão de Redação e

---

[13] Cf. *Revista de Catequese* 106 [abr./jun. 2004], pp. 60-61.

Comissão Episcopal se reuniria para gerar a "última redação", antes da 43ª Assembleia da CNBB, em 2005. Finalmente, no dia 15 de agosto de 2005, festa litúrgica da Assunção de Nossa Senhora, o DNC foi *definitivamente aprovado* pela Assembleia dos Bispos, reunidos em Itaici (SP). Dessa vez, feitas as últimas emendas, o documento foi enviado à Santa Sé para o seu reconhecimento oficial.

Partes e divisões internas do DNC

Não há dúvida de que o DNC é fruto de muitas horas de trabalho: consultas, questionamentos, emendas e correções em todos os níveis. Como resultado, temos em mãos um instrumento útil e idôneo para ser amplamente utilizado em todos os níveis da caminhada catequética brasileira.

Vejamos sinteticamente as partes e o conteúdo na sua atual estrutura.

Antes de descrever os conteúdos de cada parte, achamos que a síntese feita por Dom Juventino Kestering (ativo protagonista na redação do DNC)[14] sobre os objetivos do documento é esclarecedora: apresentar a natureza e a finalidade da catequese; traçar critérios de ação catequética; e orientar, coordenar e estimular a atividade catequética nas diversas regiões. Além disso, o DNC pretende: estabelecer princípios bíblico-teológicos e pastorais para promover a renovação da mentalidade catequética; orientar o planejamento e a realização da atividade catequética, sobretudo onde ela é mais ausente; e guiar com oportunas indicações de ação e de organização o desenvolvimento geral da ação catequética (42ª *Assembleia Geral da CNBB*, declaração oficial – 11/08/2005).

---

[14] Membro da *Comissão Episcopal Pastoral para a Animação Bíblico-Catequética* da CNBB.

Basicamente, o DNC está dividido em duas grandes partes: a 1ª trata dos *Fundamentos teológico-pastorais da catequese*; a 2ª, das *Orientações para a catequese na Igreja particular*. Cada parte é composta de *4 capítulos*; cada um deles precedidos de uma breve introdução.

Os Capítulos da primeira parte são: **1º**. *Conquistas do recente movimento catequético*. Lembra-nos da importância de uma renovada catequese, à luz das renovadas pesquisas nos campos bíblico, litúrgico, pedagógico etc. A catequese renovada é fruto de todo esse processo. **2º**. *A catequese na Missão evangelizadora da Igreja*. Capítulo muito importante do documento; essencial para se conhecerem os novos rumos de uma catequese que seja verdadeiramente evangelizadora, e não simplesmente "preparatória para os sacramentos". **3º**. *Catequese contextualizada: história e realidade*. Nesse capítulo, traça-se um sintético percurso da história da catequese na América Latina e no Brasil. A diretriz desse capítulo manifesta que a história é o lugar onde Deus se manifesta. Na parte final, trata dos desafios de uma catequese contextualizada hoje. **4º**. *Catequese: Mensagem e conteúdo*. Trata dos âmbitos em que a mensagem cristã é apresentada: Palavra de Deus como fonte principal da catequese, meditada, refletida e vivenciada; para, depois, ser celebrada na Liturgia. Na última parte, expõe-se a importância e o significado do *Catecismo da Igreja Católica* para a catequese.

Os Capítulos da segunda parte são: **5º**. *Catequese como educação da fé*. Importantíssimo no Diretório. Deve, sem dúvidas, ser estudado e aprofundado com nossos catequistas. Aqui será lembrado o procedimento pedagógico de Deus ao longo da história, especialmente por meio de Jesus, o seu Filho amado entre nós, o que inspirará toda a pedagogia da fé na Catequese. **6º**. *Destinatários como interlocutores no processo catequético*. Esse capítulo se refere a todas as pessoas que têm direito a ser catequizadas. Aqui salientamos a afirmação profética de orientar toda a catequese na direção dos adultos como opção decisiva para uma nova evangelização, sem descartar, é claro, as outras situações pessoais: idosos, jovens, infância e, especialmente, a catequese de pessoas especiais e grupos étnicos. Trata, também, dos espaços privilegiados para a inculturação. **7º**. *Ministério da catequese e seus protagonistas.* Descreve as diversas responsabilidades no âmbito da catequese: comunidade, família, leigos, catequistas, bispos, presbíteros e diáconos. É muito importante o ponto 3 desse capítulo, que trata detalhadamente da importância da formação dos catequistas. **8º**. *Lugares e organização da catequese.* Trata dos lugares privilegiados da catequese, começando pela família como Igreja doméstica; depois, discorre sobre renovados critérios de catequese em nível paroquial, de grupos, movimentos etc. Encerra-se com algumas sugestões para a organização catequética em nível paroquial, diocesano e nacional.

O Documento conclui-se conclamando o povo de Deus a encarar, com coragem e esperança, o grande desafio de uma nova catequese evangelizadora, a caminho do Reino definitivo.

Como o DNC trata do aspecto catecumenal da IVC

O DNC considera a catequese dentro do quadro maior da Evangelização, situando-a como um segundo momento, após o primeiro anúncio ou *querigma*, colocando-a a serviço da *Iniciação Cristã* ou considerando-a como *catequese com inspiração catecumenal* (nn. 29-50). Assume o processo catecumenal em uma inter-relação com a comunidade evangelizadora, quase como uma via de mão dupla entre a comunidade eclesial e o catecumenato. Valoriza a figura do catequista e seu testemunho de vida cristã, mais do que o próprio Catecismo ou outros subsídios, considerando esse sujeito mais um *mistagogo* do que um pedagogo (n. 254). Manifesta o desejo de que exista a possibilidade de se conferir oficialmente ao catequista o *ministério da catequese* (n. 245).

Com isso, o DNC quer superar o estreito conceito de catequese, assumindo a dimensão catecumenal como inspiradora de toda a catequese. Assim, esta se torna experiencial, celebrativa e orante. Esse documento dá importância aos símbolos e aos progressivos e graduais passos na fé, apresentando, assim, as características de um processo iniciático: iniciação aos mistérios da fé. A dimensão catecumenal e iniciática da catequese não é apenas para catecúmenos (adultos, jovens ou crianças que se preparam para celebrar o Batismo), mas, também, para catequizandos, batizados adultos, jovens e crianças que completam sua IVC ou necessitam de uma "reiniciação" à fé, ou mesmo aprofundar a própria iniciação. O catequista, nessa perspectiva, mais do que um tradicional pedagogo, é considerado como aquele que inicia, introduz, catecúmenos e catequizandos nos grandes mistérios da fé, focando, de forma aprofundada, a pessoa, a vida e o ministério profético de Jesus Cristo.

Claro que, para isso, seria preciso que a catequese fizesse uma proveitosa parceria com a liturgia. É necessário retomar a união íntima que, no cristianismo primitivo, havia entre catequese e liturgia. Essas duas dimensões da pastoral eclesial, que, durante séculos, estiveram separadas, precisam voltar a se unir, no esforço conjunto de proporcionar uma séria e profunda IVC aos nossos destinatários e/ou interlocutores.[15]

---

[15] Cf. CNBB. *Diretório Nacional de Catequese* (Introdução), pp. 13-16; Luiz Alves de LIMA. *Como a iniciação cristã responde à mudança de época na América Latina?* (Palestra pronunciada no *3º Congresso Internacional del Catecumenado* (dia 23/07), Santiago de Chile (21-25/07/2014), p. 10; _____. "Nuovi paradigmi per la Catechesi in Brasile. Il nuovo direttorio nazionale della catechesi". In: *Revista Catechesi* 5 [maio/jun. 2007], pp. 57-71; _____. "Apresentando o Diretório Nacional de Catequese. Eixo propulsor do Ano Catequético". In: *Vida Pastoral* 264 [jan./fev. 2009], pp. 16-23.

3.6. Iniciação à Vida Cristã. Um Processo de Inspiração Catecumenal

Esse documento, publicado ainda na versão dos "Estudos da CNBB" (capa verde), leva o número 97 das Edições da CNBB (tendo sido a primeira edição publicada em 2009).

O texto tem 102 páginas, apresentando um sucinto e oportuno *Glossário sobre a Iniciação Cristã*. A apresentação do documento é feita por Dom Eugène Lambert Adrian Rixem, Bispo de Goiás, naquele momento Presidente da Comissão Episcopal para a Animação Bíblico-Catequética e da Equipe Redatora.

O documento responde a um pedido feito na 46ª Assembleia Geral dos Bispos do Brasil, realizada em 2008. Situa-se como um desdobramento do *Diretório Nacional de Catequese*, desejando, também, ser uma resposta à interpelação de *Aparecida*: a IVC é um desafio que devemos encarar com decisão, coragem e criatividade, visto que, em muitas partes, a IVC tem sido pobre e fragmentada. Ou educamos na fé, colocando as pessoas realmente em contato com Jesus Cristo, convidando-as para seu seguimento, ou não cumpriremos nossa missão evangelizadora (cf. 287).

Dom Eugène, em sua apresentação, salientou que o tema da iniciação remonta das origens do cristianismo e recebeu, nos séculos III a V, uma estrutura específica: "o catecumenato", considerado por muitos estudiosos da catequese um método privilegiado para todo processo de IVC.

Para se compreender e colocar em prática corretamente todo processo de IVC com inspiração catecumenal, é de capital importância o RICA (*Ritual de Iniciação Cristã de Adultos*).

Enfim, o texto traz, sucinta e consistentemente, um esquema sobre aspectos fundamentais da IVC, de modo a oferecer uma modalidade da IVC que, além de marcar o *Quê* da Iniciação, abrange, também, elementos para o *Quem?*, o *Como?* e o *Onde?*, para concluir *Com Quem?* Desse modo, o texto foi estruturado em *cinco capítulos*:

I – Iniciação à Vida Cristã: POR QUÊ?
II – IVC: O QUE É?
III – IVC: COMO?
IV – IVC: PARA QUEM?
V – IVC: COM QUEM CONTAMOS? ONDE?

Desde já, aconselhamos os párocos e todas as pessoas que se preocupam com a "santa teimosia" da catequese a organizarem encontros para uma aprofundada leitura e estudo desse texto. Ele, sem dúvida, ajudará muito a introduzi-los no fascinante mundo de uma catequese iniciática de inspiração catecumenal. Não hesitamos em afirmar que essa catequese será, desde já e no futuro, um caminho insubstituível para aprimorar os passos de uma nova evangelização e para formar melhores e apaixonados discípulos de Jesus Cristo e fervorosas comunidades evangelizadoras.

3.7. Itinerário Catequético. Iniciação à Vida Cristã. Um Processo de Inspiração Catecumenal[16]

Esse documento, publicado em sua primeira edição no ano de 2014, pela Comissão Episcopal Pastoral para a Animação Bíblico-Catequética da CNBB, traz a apresentação de Dom Jacinto Bergmann, arcebispo de Pelotas e então Presidente dessa Comissão Episcopal da CNBB.

O texto propõe oportunas orientações para um caminho possível a ser traçado em todas as realidades do território nacio-

---

[16] Publicação da *Comissão para a Animação Bíblico-Catequética da CNBB*.

nal. Está constituído de três partes: *I – Fundamentação Bíblica, Teológica e Pastoral*; *II – Orientações para uma Ação Pedagógico-Pastoral no Processo de IVC*, para assumir concretamente o processo de Iniciação; e *III – Itinerários de IVC conforme as idades*. Na sua parte final, o texto propõe *quatro itinerários*: com catecúmenos adultos; com catequizandos adultos; com crianças; e com adolescentes e jovens. Para a escolha desses itinerários e seus esquemas anexos, o mesmo texto apresenta esclarecedoras explicações.

Dom Jacinto Bergmann declara, no final da apresentação, que, com esse texto, a CNBB *deseja oferecer* a toda a catequese da Igreja no Brasil *um serviço de unidade e inspiração para a Pastoral Bíblico-Catequética* nas inúmeras, ricas e diferenciadas realidades espalhadas em nosso imenso país. No entanto, é ciente de que o texto precisa ser aperfeiçoado, na medida em que estará nas mãos das Igrejas particulares (p. 8).

3.8. Ritual de Iniciação Cristã de Adultos

O RICA é um dos ou o mais revolucionário ritual do Vaticano II: mexe com nossa concepção de Igreja, de Pastoral, de Liturgia... (ROONEY) (Gustavo HAAS. *Nova Evangelização e celebração litúrgica à luz da* Sacrosanctum Concilium).

História e enfoque prioritário do RICA

A denominação *Ritual de Iniciação Cristã de Adultos* (RICA) é a tradução portuguesa da sigla OICA (*Ordo initiationis christianae adultorum*). Foi promulgado em 6 de janeiro de 1972, na Solenidade da Epifania do Senhor, depois de longa elaboração e experimentação pela *Congregação para o Culto Divino*. A nova versão desse ritual, que se inspira no processo catequético dos primeiros cinco séculos do cristianismo, nasceu da feliz iniciativa do Concílio Vaticano II (veja-se os nn. 64.66 da SC), mas vinha precedida pelo movimento catequético do século XIX, intensificado no século XX por outros dois movimentos: o missionário e o litúrgico. Foi traduzido no ano seguinte para o português e, em 2001, foi lançado em edição brasileira, com diagramação e disposição diferentes.[17] A primeira edição é também brasileira; a segunda foi uma tentativa de tornar o RICA mais prático, porém, na opinião de Dom Manoel João Francisco, ficou mais difícil de ser usado, em todas as alternativas propostas.

O RICA traz diretrizes gerais tanto para o catecumenato de *adultos não batizados* como para as *crianças em idade de catequese*.

Esse modelo de catecumenato é proposto igualmente como "Preparação para a Confirmação e a Eucaristia de adultos que, batizados na infância, não receberam a devida catequese" (conforme o Capítulo IV do ritual, 295-305).

O catecumenato proposto pelo RICA (catecumenato batismal) é, ainda, a "fonte de inspiração" para toda a catequese.

O conteúdo do RICA

Na linha da reforma promovida pelo Concílio dos Livros Litúrgicos, foi o ritual que renovou o Batismo de adultos (SC, 65-70), dado que, desde o Concílio de Trento, o Batismo de adultos (catecúmenos) estava vinculado ao ritual do Batismo de crianças. Tentavam-se adaptações que, por vezes, apareciam pobres e vulgarizadas. Essa urgente necessidade de preparar adequadamente os adultos para serem cristãos levou a uma série de estudos para se estabelecer um Ritual de Batismo de adultos na forma da IVC. Seu embasamento teológico e pastoral inspirou-

---

[17] RITUAL ROMANO. *Ritual da Iniciação Cristã de Adultos*. São Paulo: Paulus, 2001.

-se no processo catequético das primeiras comunidades cristãs (séculos III a V). Com a reforma conciliar, foram publicados o *Ritual do Batismo de Crianças*, que, até então, não existia, e o *RICA*, para o Batismo de adultos. As coisas, a partir daí, ficaram bem distintas.

Assim, o RICA poderia chamar-se "*Ritual do Catecumenato distribuído por etapas*". É um livro litúrgico que contém alguns traços catequéticos e que traz os ritos para o Batismo e a IVC dos adultos. Toda e qualquer catequese precisa se inspirar nesse processo de iniciação chamado *catecumenato*. Por isso, o RICA não é um mero ritual do Batismo, mas da IVC, tal como se dá a entender na *Introdução* do Ritual.

O RICA destina-se aos adultos que, iluminados pelo Espírito Santo, ouviram o anúncio do Mistério de Cristo e, conscientes e livres, procuram o Deus vivo e iniciam o caminho da fé e da conversão (RICA, n. 1). Esse Ritual, portanto, oferece pistas para estruturar um processo catequético catecumenal, ajudando adultos, jovens e crianças em uma sólida escolha no seguimento de Jesus Cristo, como discípulos e discípulas. O RICA desenvolve uma pedagogia espiritual, marcada, primeiramente, pela gradatividade processual com que o indivíduo é levado a conhecer o Mistério e a converter-se de seus costumes e seu modo de ver o mundo, até ser incorporado em Cristo e na Igreja. Busca formar a fé intelectual, vital e prática.

Ele oferece dois textos de introdução, como veremos a seguir; tem sete capítulos, quase todos compostos de ritos; e traz um apêndice, um "Rito de admissão na plena comunhão da Igreja Católica das pessoas já batizadas validamente".

O Ritual, sendo de natureza litúrgica, é composto, primordialmente, de ritos. Contudo, traz algumas orientações para a organização do catecumenato, o qual se desenvolve em íntima união a tais ritos.

A restauração do catecumenato pelo RICA teve o mérito de recolocar em conjunto os elementos que dão coerência ao processo de Iniciação para alcançar a sua finalidade. O intuito é conduzir o novo crente à participação no Mistério da morte e ressurreição do Senhor, e integrá-lo plenamente na Igreja, comunidade de fé. A catequese não pode ser tomada como coisa de criança. Esse método se preocupa com a evangelização das famílias; o planejamento dos itinerários de Iniciação; a programação das etapas ou passos; a centralidade do Mistério Pascal, com atenção a todo o Ano Litúrgico; e a comunidade catequizadora em seus vários ministérios (introdutores, família, pároco, catequistas e padrinhos).

Esse Ritual foi restaurado com o objetivo de manifestar o íntimo laço entre a ação de Deus, significada pelos ritos, e o progresso do catecúmeno rumo aos sacramentos de Iniciação. Desenvolve uma pedagogia espiritual marcada, primeiramente, pelo processo gradativo com que o indivíduo é levado a conhecer o Mistério e converter-se de seus costumes e pensamentos, até ser incorporado em Cristo e na Igreja.

O RICA considera o ser humano que se abre não a uma preparação "imediata aos sacramentos", mas à vida cristã, na qual os sacramentos encontram o seu espaço vital. Parte de uma fé e conversão iniciais suscitadas pelo anúncio firme da salvação em Cristo. Acima de qualquer outro recurso pastoral evangelizador, a resposta livre e sincera de conversão e fé é motivada pelo Espírito Santo, que abre os corações. O esforço de conversão que o RICA inculca em níveis diversos nunca está separado de fazer compreender que esse dom é dom de Deus e que cada um, com a Igreja, é levado a pedir incessantemente na Oração. O RICA valoriza a livre resposta de fé, progressivamente amadurecida e simbolizada nos ritos catecumenais ou no tempo posterior à recepção do sacramento, como parte integrante do acontecimento sacramental, não porque o sacramento dependa da resposta humana, mas porque a plenitude do acontecimento sacramental supõe o amadurecimento consciente da fé e sua encarnação em uma vida teologal expressa na Igreja, que se abre à Páscoa eterna (RICA, 9.10).[18]

---

[18] Cf. CNBB. *Diretório Nacional de Catequese*, p. 196; CNBB. *Iniciação à Vida Cristã*, pp. 100-101; DICIONÁRIO DE CATEQUÉTICA. *Rituais da Iniciação Cristã*. São Paulo: Paulus, 2004, pp. 967-969; Antonio Francisco LELO. "Pedagogia Catecumenal: moda ou herança?". In: *Revista de Catequese* 125 [jan./mar. 2009], pp. 6-17; _____. *A Iniciação Cristã*. São Paulo: Paulinas, 2005, pp. 49-53; Luiz Alves de LIMA. *A Iniciação Cristã ontem e hoje: história e documentação atual sobre a Iniciação Cristã*, pp. 96-97; _____. "Novos paradigmas para a catequese hoje". In: *Revista de Catequese* 30 [jan./mar. 2007], pp. 6-17; Jerônimo Pereira SILVA. "O RICA, um caminho de iniciação antes e depois do Batismo". In: *Revista de Liturgia* 249 [maio/jun. 2015], pp. 12-17; Gianni CAVAGNOLI. "Il Rica modello típico di iniziazione cristiana: in che senso?". In: *Rivista Liturgica* 91 [jan./fev. 2004], pp. 107-114.

OUTRAS OBRAS DO AUTOR

CATEQUESE LITÚRGICA - A MISSA EXPLICADA

O presente livro ajudará todo católico a descobrir e a vivenciar a importância da celebração eucarística. De forma profunda e acessível a todos, a obra comenta os textos extraídos dos documentos da Igreja e de grandes mestres da Liturgia. As explicações minuciosas de cada parte da missa proporcionarão ao leitor uma participação na celebração com maior proveito espiritual, apresentando Cristo como alimento espiritual indispensável para o fiel.

COMO PROCLAMAR A PALAVRA - ORIENTAÇÕES E TÉCNICAS PARA LEITORES E ANIMADORES

Acolhendo o pedido feito pelo Papa Bento XVI durante o Sínodo dos Bispos, em 2008, esta obra constitui um excelente instrumento de trabalho para a preparação bíblica, litúrgica e técnica daqueles que fazem parte do ministério do Leitorado. De maneira clara, sucinta e acessível, Como proclamar a Palavra *contribui para a formação das pessoas que proclamam a Palavra de Deus nas celebrações litúrgicas.*

FORMAÇÃO E ORIENTAÇÕES PRÁTICAS PARA MINISTROS EXTRAORDINÁRIOS DA SAGRADA COMUNHÃO

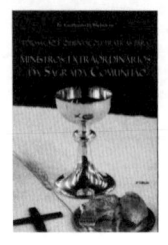

Para todos que se sentem chamados a exercer este ministério, apresentamos este livro com o intuito de ajudá-los a crescer nessa importante missão eclesial. Encontrarão aqui uma série de esclarecimentos teóricos e práticos de como manusear utensílios e objetos litúrgicos utilizados no ministério que irão atuar. Esta obra em três capítulos ajudará a todos os cristãos que quiserem saber mais sobre a Sagrada Eucaristia e principalmente àqueles que estão se preparando para este ministério.

CELEBRAR O ANO LITÚRGICO - TEMPO DOS HOMENS EM JESUS CRISTO

Para os cristãos, o Ano Litúrgico é uma realidade teológica, litúrgica e catequética, estruturada e organizada ao longo do tempo a partir das primeiras experiências celebrativas de suas comunidades, com o objetivo de ser eterna na memória/presença do Cristo Crucificado/Ressuscitado. Diante disso, mesmo que coincidindo com o ano civil (365 dias), a duração do Ano Litúrgico tem um outro valor, que aproxima cada vez mais o homem do Deus vivo no tempo e o espaço próprios.

CELEBRAR O ANO LITÚRGICO - TEMPO COMUM E FESTAS

O Tempo Comum, na distribuição dos domingos, ocupa a maior parte do Ano Litúrgico. É um tempo de caminhada para recolhermos os maravilhosos frutos que brotam do advento e do mistério pascal de Cristo. O fato de ser "comum" não significa que ele seja "menos importante". Nele, incluem-se também

quatro solenidades maiores. Nesta obra, pertencente à coleção "Celebrar o Ano Litúrgico", o leitor compreenderá mais profundamente o Tempo Comum e as Festas do Ano Litúrgico, a fim de que torne as celebrações da Igreja muito mais vivas.

CELEBRAR O ANO LITÚRGICO - QUARESMA E SEMANA SANTA

Com base no calendário do Ano Litúrgico, esta obra apresenta aos leitores, de forma rápida e objetiva, como preparar e celebrar a Quaresma e a Semana Santa. A fim de que todos possam conhecer mais sobre esses dois período de grande importância para a Igreja e vivenciá-lo como verdadeiros cristãos. O livro ainda conta com sugestões litúrgico-catequéticas de grande valor para equipes de liturgia, ministros da Palavra, catequistas e todos que atuam nas celebrações desses períodos.

CELEBRAR O ANO LITÚRGICO - PÁSCOA E PENTECOSTES

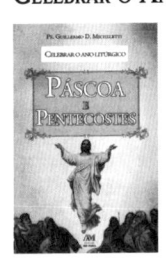

Pertencente à coleção "Celebrar o Ano Litúrgico", esta obra nos ensina como preparar e celebrar a Páscoa e Pentecostes, a fim de nos proporcionar um conhecimento maior e melhor para que possamos vivenciar e compreender verdadeiramente esse período de grande importância na Igreja. De acordo com a divisão do Ano Litúrgico A, B, C, o livro apresenta a Palavra de Deus no Tríduo Pascal, comentários sobre o Tempo Pascal, sugestões Litúrgicos-Catequéticas para a Celebração de Páscoa entre outros assuntos pertinentes ao período.

CELEBRAR O ANO LITÚRGICO - ADVENTO E NATAL
O Advento e o Natal são dois importantes tempos para a Igreja. Nesta obra do Pe. Guillermo Micheletti são apresentados os períodos considerando a divisão das leituras para os domingos e demais festas nos anos A, B e C, com a finalidade de nos ensinar como prepará-los e celebrá-los.

Informações sobre a Editora Ave-Maria

Para conhecer outros autores e títulos da
Editora Ave-Maria, visite nosso site em:
www.avemaria.com.br
e siga nossas redes sociais:
facebook.com/EditoraAveMaria
instagram.com/editoraavemaria
twitter.com/editoravemaria
youtube.com/EditoraAveMaria

EDITORA
AVE-MARIA